海外投資家はなぜ、日本に投資するのか

ワイズマン廣田綾子

JN199819

日経プレミアシリーズ

はじめに 「象徴」としてのバフェット氏来日

近年、日本株式に対する海外勢の注目が高まっている——この流れを象徴する初期の出来事の一つが、2023年4月に起きました。世界一有名な投資家であるウォーレン・バフェット氏の来日です。

彼がやって来たのは、あとで詳しく解説することになる、東京証券取引所による改革要請の直後というタイミングでした。バフェット氏による大手商社各社の株式の買い増しは、国内外のメディアで大きく取り上げられました。

このエピソードはコインの裏表のように二つの側面があります。「表」側から見れば、たしかに彼の来日と商社株への追加投資は、世界中の投資家が、岸田政権下で進められていた市場改革や日本株式市場の将来性に対する注目度を高めるきっかけの一つを作ったと言えるでしょう。

ただ、彼の行動は別の側面から見ることもできます。バフェット氏の決断の背景にあるものは決して日本株の将来性への期待感や、個別の企業経営者の手腕と成長性への評価などといった単純な動機ではありませんでした。というのも、彼が大手商社5社の株式発行数の5%を均等に買い、来日した際には各社をABC順に訪問したという事実が示す通り、彼は日本の株式市場に上場する個別の企業銘柄の将来性にはほとんど無関心だったのです。**彼がこの5社を選択した理由は、これからさらに上がっていく資源株の投資先として、日本以外にあまり類似例がない商社という特殊な業界特性で、さまざまな資源ビジネスを所有し、その資産価値に比して世界で最も安いバリュエーションだったからに過ぎませんでした。**

バフェット氏の来日という象徴的な出来事の向こう側にある、一見相反するような二つの事象——日本株投資に対する熱狂の高まりと、割安な投資先を見極める熟練投資家のクールな行動——このギャップがなぜ生まれるのかという問いが、本書の出発点となります。

日本株式市場が今、変化の時を迎えていることは間違いありません。特にこの数年間で大きく変わったのは、日本企業の株主との向き合い方です。

東京証券取引所は23年3月、プライム市場、スタンダード市場の全上場会社に対し、資本効率の改善に向けた対応を要請しました。槍玉に挙げられたのは、株価純資産倍率（ＰＢＲ）が1倍割れの状況にある企業たちです。

株価を1株あたりの純資産で割った指標であるＰＢＲは、市場からの評価の高さを示すものさしのようなものです。「この企業はこれから大きく成長しそうだ」という投資家の期待が大きいほど、数値も高くなります。反対に市場から期待されずＰＢＲが1倍を下回っている状況では、理屈上、そのままビジネスを続けるよりもいっそ企業を解散して残った資産を分け合う方が、株主にとっては合理的な選択といえます。

東証が働きかける前、ＰＢＲ1倍割れの企業はプライム市場のうち922社（22年7月時点）と、全体のちょうど半分を占めていました。上場企業の二つに一つがビジネスを継続する経済合理性に乏しいという不名誉な烙印を押されている、そんな由々しき状況だったのです。

要請を受け、多くの企業が政策保有株の売却や自社株買い、成長分野への新規投資といった対応策に乗り出しました。厳密に言えば要請そのものに法的な拘束力はないものの、東証は企業ごとの開示状況を調査・公表することで経営陣に間接的なプレッシャーを与え、売上高ばかりを偏重してきた企業文化を改めさせることに成功したのです。日本特有の「恥」の文化をうまく利用した、周到な戦略と言えるでしょう。

とはいえ、世界一有名なバリュー投資家であるバフェット氏の投資行動は結果的に、自己資本利益率（ROE）や投下資本利益率（ROIC）をも重視するようになった日本企業と、海外投資家との接近を国内外に印象づけました。彼に続くようにして半年後の10月には、ブラックロックやブラックストーンなど世界的な投資会社の代表らが同時に日本を訪れ、岸田文雄首相（当時）と官邸で会談。岸田首相はその場で政府が推進する資産運用立国に向けた政策について説明し、海外の投資マネーの取り込みに向け、国内外の民間事業者とともに環境作りに本腰を入れる姿勢をアピールしました。

日本企業への期待感の高まりは、すでに数字に表れています。

24年5月には、PBR1倍割れの企業の割合がプライム市場全体の43％まで減少。日経平均株価は24年2月にバブル期以来の高値を更新し、翌3月には史上初の4万円に到達。その後は日本銀行による利上げを背景に株価が乱高下する場面もありましたが、二つの心理的な節目を乗り越え、日本経済の中長期的な成長への期待を封じていた重たい扉が開け放たれた意義が失われることはないでしょう。

また、PBRと並んで企業の価値を示す重要な指標であるROEについても、8%未満の企業の割合が同じ時期（22年7月から24年5月）に47%から45%に減少。わずかながら改善の兆しが見られます。

海外投資家の存在感が高まる一方で、国内の個人投資家の裾野も広がりつつあります。24年1月には税制優遇による投資促進制度であるNISA（少額投資非課税制度）が大幅に拡充されました。年間投資上限額の引き上げにより、株式や投資信託の買付額が増加。家計金融資産は株高の恩恵を受け、史上初の2200兆円台に到達しました。

これまでは、政府がいくら「貯蓄から投資へ」のスローガンを高く掲げても、笛を吹けど踊らずといったむなしい状況が長年続いていました。今回、NISA拡充のタイミングが、物価上昇により預貯金のデメリットを意識しやすい時代状況と重なった結果、国民一人一人が投資という世界の主人公であるとの自覚を持ちやすくなったと言えるでしょう。

セブン買収提案が暴いた現実

変化というものは、常に、いくつかの側面を持っています。

未来への期待感と楽観論が浮上すると、不安と悲観論も同時に深くその根を伸ばしていくものです。

24年夏、日本企業の経営者たちや政財界に動揺を広げる出来事がありました。流通大手のセブン&アイ・ホールディングスが、カナダのコンビニ大手であるアリマンタシォン・クシュタール（ACT）から買収提案を受けたことが明らかになったのです。セブンとACTの間ではその後、秘密保持契約の締結などをめぐって駆け引きが続き、本書の執筆時点でも騒動の着地点を見通すことはできません。ただ、一連の動きが日本企業の経営者たちに、市場の現実を改めて突きつけたことはたしかです。

国内企業の株価を支える買い手が増えるということは、どのような有名企業であっても割安と評価されれば、いつでも買収のターゲットになりうるということを意味します。

国内の企業を成長軌道へと導いてくれる救世主か、それとも、日本経済が取り戻した輝きに誘われて海の向こうからやって来ては、企業を食い荒らして帰っていく恐ろしいサメのような存在か――今、日本国内には海外投資家に対し、こうした対照的な二つのイメージが混在しているようです。

高揚感と不安が入り混じる中、現状を冷静に見極めることはいっそう難しくなっているかもしれません。ただ、ここで私が強調しておきたいのは、**日本が今置かれているこの状況が、1980年代から90年代にかけてアメリカが経験した変化と、驚くほど類似しているということです。**

かつて米国株も「日本的」だった

今から40年近く前のアメリカの市場がどのような状況だったか、あまりご存じでない方も多いかもしれません。当時、アメリカは弱気相場からの復活途上にありました。企業と株主の間に、かつてないほど緊張感のある関係性が生まれた時期でもあります。

それまでのアメリカの株式市場ではある種の紳士協定のようなものが存在し、企業どうしの敵対的な買収はほとんど例がありませんでした。政策株式の持ち合いなどの慣行を「日本的」と言ったりしますが、70年代までのアメリカの市場はある意味、今から振り返ると日本的に見えるところがあったのです。

牧歌的な雰囲気を打ち破ったのは、80年代に登場したＬＢＯファンド（当時、業界では「乗っ取り屋」と言われていた）と呼ばれる投資家集団でした。彼らはレーガン政権下の規制緩和によって活況を呈したハイイールド債を発行して莫大な資金を調達し、次々に企業を買収してはその事業を切り売りして、自らの収益を最大化していきました。本編で詳しく紹介するドレクセル・バーナム・ランバートに在籍したマイケル・ミルケンは（一連の不祥事に対する評価は別にしても）、この時代を象徴する存在といえます。こうした新しい買い手たちが、株式市場における旧来の温室的慣行を駆逐していったのです。

企業側はさまざまな防衛策を講じました。試行錯誤を繰り返すうち、ポイズンピルのような小手先の対策だけではＬＢＯファンドの買収提案をかわしきれないことを学んでいきました。こうして結果的に、株主の利益を優先する経営文化が浸透、定着していったのです。

私が投資の世界に初めて飛び込んだタイミングは、まさにこうした変化の只中にありました。大海に飛び込むような気持ちで就職したニューヨークの投資顧問会社で投資の基本を叩き込まれ、企業年金財団などの顧客資金を最終的に３０００億円ほど運用しました。

84年から99年まで米国株を、日本株を含むアジア株を２０００年から現在に至るまで手掛け、振り返れば合計40年余りにわたってこの世界に身を置いてきました。二つの国の株式市場の変遷を見てきた人間として、アメリカの株式市場が今の形にたどり着いた歴史的経緯を伝えることで、若い世代の方々が日本の置かれている状況をより深く理解する手助けができればと思っています。

とはいえ私は、アメリカのやり方を手放しで誉めそやすつもりはありません。日本が何でもかんでもアメリカ流を模倣すべきだとも思っていません。たしかに、「何でもあり」のような自由さを重んじてきたアメリカが、資本主義体制の下、多くの分野で世界をリードするポジションを築き、GAFAのように世界で類例のない水準の利益率を誇る会社群を生み出してきたことは事実です。一方、ドナルド・トランプ大統領の返り咲きに見られるように、弱肉強食の風土が社会的な分断を深刻化させてきたことも否定できません。

投資家の仕事は利益を最大化することです。しかし「お金のためにどこまでやるか」という線引きについては、投資家ごとに大きくスタンスが異なります。アメリカにおいても、中長期的に投資先の株式を保有し、投資家と企業がウィンウィンの関係を維持するバイ・アンド・ホールドの手法が王道です。一方、利益のためには手段を選ばないような投資家も少なくありません。私自身、他者の犠牲を顧みない短期思考の投資家を数えきれないほど目の当たりにしてきました。株式市場を殺伐とした空間にしているこうした人々によって、いずれ日本も同じように過剰な競争の場になってしまうとすれば、喜ばしいこととは言えません。

日本企業の経営者は今でも、海外投資家を十把一絡《じっぱひとから》げに敵対視してしまう傾向があるようです。長期的な目線で資金を提供する株主からのまっとうな提案にさえ耳を傾けないようになれば、それはそれで危険なことではないでしょうか。何をなすべきか理解している企業でさえ、「黒船」に怖気づき、本当に大切なものを見失いそうになってはいないでしょうか。

このような時代だからこそ、日本とアメリカの単純な優劣論ではなく、二つの国の類似点と違い、そしてそれぞれの市場が抱えている多様性を、冷静に見つめることが大切ではないでしょうか。

この本を通じて私が伝えたいメッセージはただ一つです。

日本の人たちに、正しい知識を踏まえて、自分自身の意志で、この国の資本主義の進むべき道と、将来的に目指す社会の在り方を決めてほしい。

そんな思いで、この本を作りました。

海外から次々にやって来て、日本市場で発言力を強めているアクティビストやヘッジファンドに、日本で暮らす人々はどのように向き合うべきなのか。一言で投資家と言ってもその投資スタイルはさまざまある中で、私たちは企業の長期的な成長にとってプラスとなる投資家を見分け、企業を短期的なマネーゲームの一部としてしか見ていない投資家からどのように身を守ればよいのか。本書ではこうしたポイントを私なりの視点で、投資家として数えきれないほどの経営者と意見をぶつけ合ってきた経験を踏まえて整理しました。経営者、投資家、そしてこれから投資の世界に踏み出そうとしている若い読者の皆様にとって、自分自身や自分の企業、そしてこの国の未来をよりよい方向へコントロールする術を身につけるヒントを見出していただければと願っています。また、いつかバフェット氏が公表する年次報告書において、保有株一覧の中に日本企業の個別株が掲載され、その保有理由として経営陣とビジネスモデルへの高い評価が記載される——そんな日が来ると私は信じています。

二〇二五年四月吉日　ワイズマン廣田綾子

目次

[はじめに]「象徴」としてのバフェット氏来日 3
セブン買収提案が暴いた現実 8
かつて米国株も「日本的」だった 9

[第1章] 80年代の米国市場と現在の日本市場の類似点 19
80年代の米国市場と日本市場を比較する 20
80年代の米国市場を知る三つのポイント 23
マイケル・ミルケンの光と影 27
脱コングロマリットで企業価値を上げる 33
ポイズンピルの挫折 37
優等生たちの退場 39
変化にはルールと主体性が不可欠 43

［コラム］「株主」の語られ方について 47

［第2章］海外投資家が日本に注目する理由 53

行動規範と「恥の文化」 57
岸田プランの影響 66
NISA拡充の隠れた意義 70
注目したい四つの外部要因・構造要因 74
①米中対立で地政学的に注目される日本市場 75
②日本企業の割安さ 77
③収益源としての「非効率性」 79
④デフレからインフレへ 82
日本市場への投資をブームで終わらせないために 83

［第3章］海外投資家は日本の企業をどう見ているか 87

バリュー投資のアプローチ 88

①ディープ・バリュー型投資 90
②相対的割安株投資 92
③バフェット流の「MOAT」式投資 93
株価上昇の鍵は選択と集中 95
ケーススタディ① 日立製作所とレゾナック 99
改革の兆候を見極める経営陣 104
事業ポートフォリオの見直しとコア事業の設定 106
日本式ビジネスの課題 111
しがらみにとらわれず真実を追求する姿勢 115
社外取締役の機能強化を 117
撤退基準の明確化 122
グローバルな競争力を取り戻すために 125

[第4章]「ドル一強」終焉を見据えた日本株の分析法 131

トランプ大統領の関税政策とドル安 139

金融資産から実質資産の時代に 141
米中対立が日本企業への追い風に 147
創業者兼経営者に着目すべき三つのワケ 150
ケーススタディ② ニトリHDの「30年計画」とその後 157
雇われ社長でも変化の可能性を見出せる 161
ケーススタディ③ バリューアクトとオリンパス 164
[第5章] 国内で良きリーダー、投資家を育てるには 173
次のリーダーをいかに育てるか 174
バリュー投資家として鍛えられた若手時代 178
国内の独立系運用業者を増やす 181
扉は開かれた 187
[おわりに] 若き経営者・投資家の卵に向けて 192

第1章

80年代の米国市場と現在の日本市場の類似点

80年代の米国市場と日本市場を比較する

「日本的なぬるま湯」という言い回しを、よく耳にします。

厳しい競争環境から人為的に隔絶された空間に、均質で安定的なエコシステムを築き上げ、その内部で被雇用者や経営者が守られている、といった状態を意味するようです。欧米の市場における状況との比較の中でこの表現が使われるとき、半分くらいは真実を突いているかもしれませんが、もう半分はやや的外れのように思えます。

国内の株式市場や企業経営を見ると、足元で変化の兆しが見られるとはいえ、たしかに「ぬるま湯」的な慣習がところどころに残っているようです。利益拡大やビジネスの効率化よりも従業員の安定的な雇用を優先する傾向があり、取引先や関連会社の政策保有株、持ち合い株の慣例もあります。

私はこうした「日本的」社会の在りようがもたらす価値を、真っ向から否定するつもりはありません。とはいえ、なれ合い的な文化が結果的に成長への推進力や競争力を強化するチャンスを阻害してきた、その負の側面は否定できません。

「はじめに」でも触れた通り、アメリカでもかつて、紳士協定的な不文律によって、株主が企業経営に口を出すことをためらうような文化がありました。将来にわたる持続的な成長力を維持するため、事業再編や設備投資などのリスクテイクへと積極的に踏み出す機運は低調でした。ある意味で、1970年代までのアメリカは実に「日本的」だったとさえ言えるでしょう。

その後、80年代のレーガン政権下における規制枠組みの変化が、企業経営の在り方を根底から変えていきました。株主と企業の間で緊張関係が生まれ、新たな金融商品の登場も経営環境を激変させました。長年ぬるま湯につかり続けていた経営者たちが、生き馬の目を抜く競争市場の大海へと投げ出されたのです。

最近の日本の株式市場の状況は、当時のアメリカと実によく似ています。

東京証券取引所を通じた政府による市場改革の働きかけによって、上場企業は持ち合い株の解消を迫られ、経営者たちの行動はにわかに、国内外の投資家からの厳しい視線にさらされるようになりました。優等生的な振る舞いに慣れきっていた経営陣に、企業価値の中長期的かつ持続的な向上を目指す強い野心的なリーダーシップが求められるようになったのです。

こうした経緯を踏まえれば、日本が今まさに脱却しようとしているぬるま湯的な社会状況は、実は日本的というよりも、むしろ他の先進国と比較すれば前時代的と言った方が正確かもしれません。

この本は、80年代のアメリカと現代の日本の比較を、論の出発点とします。

私がこの業界で仕事を始めた1984年のNYダウは1000ドル台でしたが、最近では4万ドル台で推移しています。劇的かつ持続的な変化が可能になった背景には、本章で解説するようにアメリカ株式市場における根本的な変革がありました。私は日本出身の「海外投資家」として二つの国の市場の変遷を40年にわたって見つめてきましたが、今の日本の市場もまた、かつてのアメリカとよく似たダイナミックな変革の入り口にあると感じています。

もちろん、市場とは巨大で複雑な存在であり、令和の日本と80年代のアメリカの状況が完全に一致しているなどと、議論を単純化するつもりはありません。本書の狙いはむしろ、二つの国、二つの時代状況の類似点を確認した上で、両者の違いを浮き彫りにすることにあります。特に、日米の規制環境の違いについて理解することは、私たちに経済の持続的な成長について考えるヒントを与えてくれることでしょう。

80年代の米国市場を知る三つのポイント

１９８０年代のアメリカの株式市場の様子を知る上で、ポイントは三つあります。**規制枠組みの変化、ハイイールド債の席捲、そして経営者の行動変容です。**

このうち特に規制枠組みとハイイールド債については、金融の世界に馴染みのない方にとって、もしかしたら少し取っつきにくい話題が含まれているかもしれません。ただ、なぜ今の日本とアメリカの株式市場にある種の温度差があるのかを理解する上で、どちらも重要な論点ですので、難しい専門用語についてはできるだけ噛み砕きながら、なるべく分かりやすく解説していこうと思います。

当時のアメリカの経済状況を簡単に振り返りましょう。二つの石油ショックを経験したアメリカは、70年代にハイパーインフレの時代を迎えました。その後、連邦準備理事会（ＦＲＢ）のボルカー議長の登場により、金利が20％まで上昇、インフレ退治に成功します。その後、物価の上がり方が鈍化するディスインフレ時代に移行して、長期金利は低下基調が継続し、債券、株などの金融資産にとって追い風の吹く黄金の時代が訪れました。

こうした変化の中で、投資家と企業の関係性も大きな転換点を迎えることになったのです。80年代のアメリカの株式市場における大きな変化の土台を築いたのが、74年に制定された「エリサ法」です。

エリサ法とは、従業員退職所得保障法（Employee Retirement Income Security Act）の略称です。アメリカにも日本と同じように、働く人たちから集めたお金を投資に回し、リタイア後の暮らしを支える企業年金の仕組みがあります。エリサ法は、企業年金の運用に携わる人たちに対し、まっとうに業務を遂行するよう求め、労働者が大切なお金を安心して預けられる環境を作るためのルールと言えます。

ここで、エリサ法の条文を少しだけ見てみましょう。

エリサ法４０４条

……受託者が義務を果たすのは、専ら加入者及び受益者の利益のためだけであり、次の

二つの目的のためだけである。【忠実義務】
(i) 加入者及び受給者に給付を行う。
(ii) 制度を管理するために適正な費用を支出する。
厚生労働省年金局「受託者責任等について」(2014年12月) より

法律の文章というものは洋の東西を問わず回りくどいものですが、この部分でエリサ法が言おうとしていることは、実にシンプルです。

ここではまず、受託者(企業年金)とは何のために存在するのか、という基本的な説明をしています。受託者の業務の目的とはただ二つ、「給付」「適正な費用支出」だと言います。給付とは、働く人たちから預かったお金の元本や、その元本を運用して得た利益を、あらかじめ定めたルールに従って退職者に支払うことです。適切な費用支出とは、給付や資産の運用といった業務を遂行するための人件費や経費に、お金を適切に使うことです。

一見、当たり前のことばかり言っているようにも思えますが、ここで注目したいのは、抜粋した和訳の最初の方で繰り返される「だけ」という二文字です。

企業年金の存在意義が給付と適正な費用支出という二つの目的を遂行すること「だけ」であるならば、逆に言えば、企業年金は「給付と費用支出以外のことは一切考えてはならない」という制約が設けられているのと同じことなのです。この、目的遂行以外を考えることを、「他事考慮」と言います。

たとえば、コンピュータの会社の企業年金が投資顧問会社を選ぶ際、単に自社のコンピュータを使っているからという理由で投資顧問会社を選ぶことは他事考慮に当たり、エリサ法で定める忠実義務に抵触するおそれがあります。「お世話になっている取引先との関係を投資で強化したい」「提携先のライバル会社に投資するわけにはいかない」……といったしがらみや忖度を企業年金の世界から排除し、受益者のための収益のみに専念するための掟といえます。

大切なのは、この忠実義務が単なる形式的な行動規範ではなく、拘束力のある法律の中でしっかりと規定されているということです。仮に投資先選定の判断基準について疑念が生じ、社員や退職者との間で訴訟が持ち上がった場合、エリサ法に抵触するような事実が認められれば、企業年金側が敗訴する可能性があります。

次の章で掘り下げることにしますが、日本においては現在も、アメリカのエリサ法に相当するような法律上のルールが存在しません。経営者と株主の間で建設的な対話を行う機運が以前よりも高まっていることは事実ですが、国内企業の成長を阻害してきた「ぬるま湯」状態から完全に脱却しようとするのであれば、日本でも明確な線引きを持った規制枠組みの創設に向けて議論を前進させる必要があるのではないかと思います。

マイケル・ミルケンの光と影

さて、いよいよ激動の時代へと時計の針を進めましょう。

1974年に制定されたエリサ法は、アメリカの金融市場における変化の土台を作りました。とはいえエリサ法自体の適用対象はそれほど広くなく、年金運用など、金融という広い世界からみればごく一部のいわばローカルな規制強化に過ぎませんでした。その後、新たなタイプの金融商品が市場を席捲し、市場における変化の範囲を拡大させ、加速させ、株主と経営者の関係を抜本的に変えることになりました。それが、ハイイールド債です。

1988年、下院監視・投資小委員会の公聴会で宣誓するマイケル・ミルケン（AP/アフロ）

金融商品に馴染みのない方のために簡単に説明しておくと、企業が投資家からお金を借りるときに発行する社債には、大きく分けて、投資適格債とハイイールド債券（低格付け債）という二つの分類があります。社債の中で信用力が相対的に高く、リスクが低いものが投資適格債、逆に相対的に見て信用力が低く、リスクの高いものがハイイールド債であると整理できます。

ハイイールド債は１９８０年代まで、伝統的な投資家や証券会社が手を出すような代物ではなく、投資適格債に比べると影の薄い存在でした。そのハイイールド債が、なぜ株主と企業の関係性を根本から変えるインパクトをもたらすことになったのか――ここで重要な歴史的役割を演じたのが、マイケル・ミルケンという人物です。

ドレクセル・バーナム・ランバートという証券会社に在籍する証券マンだったマイケル・

ミルケンは、80年代のウォール街の光と影を象徴する存在です。ミルケンがやって来るまで、ドレクセルは業界内でそれほど知られた証券会社ではありませんでしたが、彼は企業買収に必要となる莫大な資金をスピーディに準備するための画期的な手法を確立させてその名を轟かせ、金融市場の在り方をがらりと変えることになるのです。

ミルケンはロサンゼルス郊外で生まれ、カリフォルニア大学バークレー校で経営学を専攻。在学中から投資家向けのファンドを運用し、その後、ペンシルベニア大学ウォートン校でMBAを取得しました。ウォートン校在学中からドレクセルでアルバイトとして働き始め、70年に正式入社したころにはすでに、頭の回転が特別に速い人間として社内で認知されていました。

入社後、数年してミルケンは、自らの裁量で自由にコントロールできるチームを構築するよう、直属の上司に申し出ます。ミルケンの働きぶりに対する評価の高さや、当時はドレクセル自体の社内体制が未整備だったといった要因が重なり、彼の提案は間を置かず経営陣に聞き届けられることになりました。

ミルケンがこの新チームで試そうとしていたのが、ハイイールド債の隠れたニーズの開拓でした。

今でこそ、投資適格債もハイイールド債も、それぞれ市場のシステムの中で異なる役割を担っているという理解が一般に広がっています。仮に信用度の高い企業（投資適格債の発行企業）にばかり資金が集中したら、成長途上にある中小企業にとって、資金調達の手段が減ってしまいます。一時的に信用を失ってしまった企業にとっても、再挑戦のためのチャンスが生まれにくくなります。それに、利率の低い商品ばかりが市場に出回れば、債券市場に参加する投資家の数も限られてしまいます。ハイイールド債は、スタートアップを含め幅広い企業に向けて資金調達の門戸を広げ、投資家に対しては、リスク・リターン比率の異なる多様な投資機会を債券市場内で提供するという、重要な機能を担っているのです。

とはいえ、前述の通り、ミルケンが金融の世界に飛び込んだころはまだ、ハイイールド債はまともな金融機関や投資家が金を出すような代物ではないとする風潮がありました。ミルケンは当時の状況下で、この未開の分野にドル箱となりうる巨大なビジネスチャンスが潜んでいることをいち早く見抜いたのです。

彼には、統計上のデータという強力な武器がありました。

バークレー在学中、彼はクリーブランド地区連邦準備銀行総裁を務めたブラドック・ヒックマンが唱えた説に感銘を受けました。ヒックマンの調査によれば、高格付けの債券を組み合わせたファンドと、低格付けの社債を組み合わせたファンドに関するデータを比べたところ、元本と投資期間が十分な場合、低格付けの方が総じて投資リターンが優れているというのです。ヒックマン自身の分析対象は20世紀前半に限られていましたが、後発研究によって、この説がその後の金融市場にも当てはまるとされていました。

ミルケンはヒックマン説によって理論武装し、セールストークを洗練させ、大口の顧客を次々に開拓。社内だけでなく、業界全体にその名を知られる存在となります。当時の金融界の常識に逆張りするような戦略が功を奏し、ミルケン入社前に破綻の危機にあったドレクセルの業績も急回復を遂げました。

その後ミルケンは、彼が考案したハイイールド債のビジネスを、さらなる発展形に推し進めようと画策します。そこで彼が目をつけたのが、当時大きな注目を集めていたLBO（レバレッジド・バイ・アウト）です。

LBOとは、借り入れた資金を利用した企業買収のことで、最近ではプライベート・エクイティ（ＰＥ）とも呼ばれます。直接的な金の出し手はリミテッド・パートナー（ＬＰ）と呼ばれ、主にアメリカ国内の企業年金や財団であるケースが一般的です。実際の投資に関わるファンドの経営側をジェネラル・パートナー（ＧＰ）と呼びます。

ＬＢＯのオーソドックスな手順としては、まずＬＢＯファンドが企業を買収した上で、経営の方針転換を行い、５年程度を目標にして再び上場させるか、または他の会社に買収価格よりも高値で売却することで収益を稼ぐというパターンが一般的です。ファンド自身が株式を通じて資金を投じますが、買収金額の大部分は債券発行で市場から調達したり、銀行からの借入金でまかなったりしています。返済には企業を売却した際の利益を当てるか、買収した会社のキャッシュフローを改善して徐々に返済すればよいわけです。

さらに、ＬＢＯを手掛けるＧＰは成功報酬型の運用報酬体系を構築しています。たとえば、ファンドの運用報酬の年率１・２％と、会社を売却した利益の20％がＧＰの収入となるといった具合で、結果的にリターンが大きければ大きいほど、ＧＰが儲けることができるという仕組みです。

こうして、買収時を大幅に上回る金額での売却に成功したファンドの創立者たちが、長者番付に名前を連ねるようになりました。買収ファンドの創始者とされる米投資会社KKR（コールバーグ・クラビス・ロバーツ）も、この時代に活動を広げています。

脱コングロマリットで企業価値を上げる

それまでアメリカでは、一つの企業グループがありとあらゆる異業種を抱え込む、コングロマリット化が進んでいましたが、レーガン大統領の規制緩和で独占禁止法の縛りが緩められ、状況が一変。同業他社に買収を仕掛ける動きが広がるとともに、本業にリソースをより集中させたい企業が、余計な事業部門を切り売りしようとする事例が相次いだのです。

コングロマリット解体に向けた機運が高まる一方、資金調達というハードルが、企業の合併・買収であるM＆Aに踏み切る上で妨げとなっていました。自己資金や銀行からの借り入れだけでは不足するケースもあり、時代は元手集めの新たな選択肢を求めていたのです。

ミルケンはLBOの資金調達の難易度を引き下げる手段として、ハイイールド債の活用の余地が大きいことを見抜きました。証券売買手数料の自由化によって伝統的な取引の手数料収益に対する押し下げ圧力が強まる中、ＬＢＯとハイイールド債を戦略的に組み合わせることが、激動の金融界を生き残る一発逆転劇につながると踏んだのです。

彼が確立させた手法は実際に、企業買収に必要な資金を調達する手段を広げただけでなく、そのスピードも飛躍的に向上させることになりました。先ほども触れた投資会社ＫＫＲの共同創業者のヘンリー・クラビスは最近の回想（日本経済新聞社「私の履歴書」２０２４年10月1日～同31日掲載）の中で、当時についての象徴的なエピソードを紹介しています。

ＫＫＲによる玩具チェーンのコール・ナショナル買収計画が持ち上がったときのこと。買収には３億３０００万ドルが必要でしたが、その時点で1億ドルが不足していました。クラビスはすでに名を知られていたミルケンに相談しようと、当時カリフォルニアにあったドレクセル本社に赴きます。

買収計画の説明を終えたクラビスに対し、ミルケンはいったんランチに出るよう勧めます。クラビスが戻ってみると、ミルケンはすでにＳ＆Ｌ（貯蓄貸付組合）などの投資家を周囲に集めていました。ミルケンに促されてクラビスが再び説明すると、その場で1億ドルの出資が決まったといいます。

このように、企業買収を計画する投資家や企業にとって、数カ月・数年単位といった長い時間をかけて資金集めに奔走する手間を省くことができるようになりました。ミルケンが太鼓判を押すと巨額の取引がほんの数時間で決まってしまう世界がやって来たのです。

さらに1980年代半ばには、先述のエリサ法の運用を変える出来事がありました。大手化粧品メーカーのレブロン社に対する敵対的買収に関する裁判の判決です。これを機に、「価格が買収の判断で最大の賛否の要因となり、買い手が誰であっても価格が一番大事である」という、いわゆる「レブロンルール」が強く意識されるようになり、M&A市場の活性化を加速させることになりました。

肥大化した巨大企業グループは、経営効率を向上して株価を引き上げるため、主要以外の部門を切り離して売却したり、株主に免税処置が適用されるスピンオフの制度を活用したりと、株主に好印象を与えるための組織のスリム化を相次いで推し進めていったのです。映画会社パラマウントを抱えていたガルフ・アンド・ウエスタンが、その典型例として挙げられます。パラマウント傘下に日本のゲーム会社セガを保有する巨大なコングロマリットを形成していた同社は、創業者のチャールズ・ブルードーン氏の死後、跡目争いのダークホースだったマーティン・デイビス氏が社長に就任して大幅な路線転換を図りました。彼は映画やメディア部門に経営資源を集中する経営戦略に舵を切り、セガや非中核部門の売却を図りました。

どんな企業も株価が企業価値よりも大幅に低い場合は、この差額を狙って必ず誰かが買収を仕掛けてくる、「何でもあり」の時代に移行しました。

88年のＫＫＲによるＲＪＲナビスコ買収のように、とりわけ一見変化に乏しく、設備投資も低調で現金が滞留しやすい業界（たとえば食品飲料、タバコ業界など）に狙いが向けられることになりました。

のちにミルケンは、インサイダー取引によって証券取引法違反で有罪判決を受け、一時表舞台から姿を消しました。その後、２０２０年には当時1期目だったトランプ大統領から恩赦を受けました。彼に対する歴史の評価は、今もって定まっているとは言えません。

とはいえ間違いなく言えることは、繰り返しになりますが、ミルケンが確立・普及させた手法によって、ハイイールド債が金融市場で担う役割は様変わりしたということです。銀行での借り入れが難しい中小企業が資金繰りのために手を出す消去法的な手段というイメージを覆し、M&Aの買収資金のために積極的に高利回り債券の発行に踏み出すケースが一般的になっていったのです。現在、投資家としての手腕が広く認められているカール・アイカーン氏やピーター・メイ氏、ネルソン・ペルツ氏といった面々も、過去にはハイイールド債を用いてアクティビスト（当時、買収屋はアクティビストと呼ばれていた）としてさまざまな企業にキャンペーンをはり、自らの資産を拡大させてきた経緯があります。

ポイズンピルの挫折

ハイイールド債の台頭は、ただ投資家側にとって都合のよい資金調達の選択肢を市場に提供しただけではありません。新たな調達手段の開発によるM&A市場の活性化は、企業経営側にも大きなインパクトをもたらしていきました。

それまではアメリカでも、企業経営においてはとにかく目立った問題を起こさない、リスクを伴うスタンドプレーを避けるといった、優等生的な振る舞いを美徳とする風潮がありました。今では当然になった従業員の大量解雇も、社会問題化する懸念から、「優良」企業ではほとんど行われていませんでした。経営陣も、株主が経営に口を挟むべきではないという不文律的な紳士協定によって守られていたのです。

しかし、企業買収のための資金調達のハードルが下がったことで、どんなに優良な企業であっても敵対的な買収の対象になりうることを経営者たちが意識せざるをえなくなりました。経営者たちは買収を持ちかけられた際の対抗策や、あらかじめ標的となることを避けるための対策を模索し始めたのです。

とはいえ急速に高まる市場からのプレッシャーに対し、株主の利益を真摯に志向する経営改善策へと、企業側がいっせいに舵を切ったわけではありませんでした。

最初のころ経営者の間では、買収から自分の身を守るため、ポイズンピルなどの手法で防衛を図る動きが広がりかけていました。日本語で「毒薬条項」と訳されることもあるポイズンピルとは、敵対的買収を仕掛けてきた相手のやる気を削ぐための方法であり、一定の条件がそろうと既存の株主に対し、新たな株式を割安で購入できる権利を与える仕掛けを意味します。

たとえば、あるヘッジファンドが自社に買収を持ちかけたときに発動するポイズンピルを設定するとします。ヘッジファンド側からすると、仮に自分が株を買い増した場合に議決権比率が低下する懸念があるため、敵対的買収の抑止力になるという寸法です。

しかし、このポイズンピルの手法はそれほど定着しませんでした。株価を押し下げる危険があるばかりで、目覚ましい効果はなく、しかも単なる経営者の保身とみなされて既存株主の心象を悪化させるなど、総じて逆効果をもたらすことが次第に明らかになっていったのです。

経営者たちはポイズンピルなどの試行錯誤を繰り返しながら、その場しのぎの小手先の対策では自分たちの身を守り切れないことを、だんだんに学んでいきました。そして最終的には、利益率を上げ、企業価値を高める取り組みをまっすぐ続けることこそが最も有効な防衛策であるという共通認識が形成されていったのです。

優等生たちの退場

この時期、ポートフォリオを見直して会社全体の利益率を上げ、株主価値を上昇させるダイナミックな経営手法が広がりを見せます。GE（ゼネラル・エレクトリック）の取り組みによって有名になった経営戦略上のフレームワークであったシックスシグマも、こうした変化を契機として、業界の垣根を越えて浸透していきました。

もともとシックスシグマという言葉は、最終製品の品質のバラツキを抑えるための管理の枠組みです。シックスシグマとは、100万回分の作業につき3・4回のエラー（不良品発生など）が起こる状態を意味します。このような目標値を設定した上で、現状のエラー頻度を調査し、目標達成のためにどのような課題があるかを特定して、解決への具体的な方策を立てることで、プロセス全体の効率改善を目指します。今では製造業だけでなく幅広い業種で取り入れられているこの枠組みも、資金調達のイノベーションに起因する株式市場からのプレッシャーの中で洗練されていった、時代の産物と言えるでしょう。

また、経営陣の報酬の中に占める株式の割合を引き上げるなど、経営陣と株主の利益を一致させるための工夫も各社で進められていきました。さまざまな業績目標を設けた上で、これを達成した場合、経営陣が相応に巨額の報酬が得られるといったルールを作る動きも見られました。

非コングロマリット企業を含む業績が振るわない企業も、当然、激変する市場環境の影響を免れることはできませんでした。事業の見直しを株主から要求され、経営陣の交代を余儀なくされていったのです。仮に黒字を維持していたとしても、同業者に比べて業績が見劣りすることは許されないという雰囲気が醸成されていきました。M&Aに踏み切った企業であっても、その効果が市場から疑問視され、強い逆風に晒されたなどの例（AOLによるタイム・ワーナーの買収など）もあります。

優等生的な経営者が窮地に立たされたということは、逆に言えば、既成概念にとらわれず成長に向けた戦略を実行できる敏腕経営者が、その腕前を遺憾なく発揮できる時代が到来したとも言えます。

実際、この時期には、「××社を倒産の危機から奇跡的に復活させた」といったスーパー経営者たちのエピソードがいくつも残されています。経営の窮地に陥っていたIBMを再建に導いたルイス・ガースナー氏がその典型例でしょう。もともとコンサルタントであった彼は、RJRナビスコの社長からIBMのトップへスカウトされ、1990年代のIBMの経営変革に尽力しました。

また、現在GEエアロスペースの会長であるラリー・カルプ氏はかつて、ダナハー社のトップとして「選択と集中」を実践し、ヘルスケア部門にリソースを集中し、長期的な成長路線を確立しました。その後、GEの社外取締役に就任して、GEが経営の危機に陥ったとき、社長に任命されて同社を3分割。このスピンオフ後は3社とも株価が上昇基調となっています。後に彼は、GEエアロスペースの会長兼CEOとなります。

伝統的な金融界もこの激動の中で、手をこまねいて静観しているわけにはいかなくなりました。折しも1975年に売買手数料が自由化されたことで、オーソドックスな証券取引で得られる手数料収益に対する押し下げ圧力は強まっていました。敵対的買収を推奨するアドバイス業務から距離を取っていたゴールドマン・サックスなど大手証券会社や銀行も、次第にLBOを希望する顧客を積極的に獲得するように、行動様式をがらりと変えていったのです。

金融業界にとってもう一つの大きなインパクトをもたらしたのが、80年代半ばにおける企業年金制度の抜本的改革でした。企業の負担を軽減するため401kプランという確定拠出年金制度が作られ、企業サイドが社員に対して提供する仕組みが確立されました。401k

は、日本ではiDeCoや企業型DCのモデルとしても知られています。

確定拠出年金制度の浸透によって投資信託の預かり資産が大きく伸び、個人の資金をまとめて運用する新しい機関投資家としてフィデリティ社、バンガード社、それから少し遅れて急成長したブラックロック社のような投資信託会社がその存在感を強めていきました。こうしてアメリカでは、企業年金を受託する投資顧問会社を含めプロ機関投資家の規模が拡大。新規上場を選択する事業者も相次ぎ、ガバナンス意識の高まりを背景に、投資先企業の経営に注文をつける積極姿勢がいっそう鮮明化していったのです。

変化にはルールと主体性が不可欠

私がアメリカの金融業界に身を投じたのは、ちょうどこうした変化の只中の1980年代半ばでした。

証券の買い手（バイサイド）である投資顧問業に身を置いていた私にとって、売り手（セルサイド）である証券アナリストとの意見交換は、情報収集の貴重な機会でした。当時驚かされたのは、その世界に極めて優秀な頭脳が集結していたことです。彼らは証券マンというよりも、製造・サービス・テクノロジーなど、ありとあらゆる業界の動向を調査して、精緻に分析するエキスパートであり、ほとんど研究家といった趣きがありました。生き馬の目を抜く時代状況下、企業経営の分野だけでなく金融業界においても業務の高度化、人材の洗練化が進んでいったのです。

こうした80年代のアメリカの状況は、今の日本の姿とよく似ていると感じます。特に、急速に強まるプレッシャーに対応し、経営者たちが企業価値向上に向けて動き出すという流れは、二つの時代状況に共通しています。

ただし、企業価値向上の機運が高まるに至るきっかけや、そのプロセスはずいぶん違っているようです。

まずアメリカの場合、変化の前提として厳然たる法的ルールが存在したという点が、今の日本の状況とは大きく異なります。先述のように、受益者のための業務に専念するよう求めるエリサ法は、企業年金にとって自分たちの社会的役割を規定する存在証明（レゾンデートル）に関わると同時に、抵触すれば訴訟リスクに直結する不可侵の掟として存在しています。

エリサ法の柱である他事考慮の禁止とは、言い換えれば、投資家の利益と無関係の不透明な要因が入り込まないための規定です。ここで言う外的要因とは、時には経営者の保身であり、身内への忖度であり、あるいは政治的な圧力であるかもしれません。

これは見逃されがちですが、重要な論点ではないでしょうか。

仮に経営者や機関投資家が、特定のステークホルダーに利する経営判断・投資判断を下すことが横行しているような状況であれば、そのような市場には投資家たちが参加したいと思えないでしょう。たとえばある企業の売却額が極端に低く抑えられた場合、一般投資家の立場からすれば、見えないところで何か良からぬ外的要因が働いたのか、とすればその「要因」とは一体何なのか、外部から窺《うかが》い知ることは困難です。仮に買収額が妥当だったとしても、法的ルールに裏付けられた市場に対する信頼感が醸成されていなければ、見えざる外的要因の不在証明（アリバイ）を突き止めることが不可能になってしまいます。

80年代のアメリカのM&A市場は、大小さまざまな資産規模の、多くの投資家で活況を呈していました。本章で解説したように、その背景にハイイールド債の普及や、売買手数料自由化を受けた金融機関のビジネス転換といった出来事があったことは事実です。とはいえそもそも、エリサ法とそこに紐づけられたレブロンルールといった法的な枠組みがなければ、多くの投資家たちが安心して市場に参加する時代を迎えることはできなかったでしょう。

市場が十分なプレイヤー数を確保し、多様なエコシステムを形成するためには、見えない外的要因によって不当な損失を被る心配を排除する、規制環境の整備が不可欠です。一方で現在の日本は、法的ルールとは異なる枠組みを中心として金融市場の「高度化」を目指しています。その試みの現状と課題については次の章で整理することにしましょう。

日米の株式市場の大きな違いは、時代の変化に適応する経営者たちのモチベーションがどこから来ているか、という点にあります。

アメリカの場合、最終的に経営者たちが企業価値向上のための行動を選択する上で、行政セクターなど外部から直接的な働きかけがあったわけではありませんでした。エリサ法など前提となるルール整備があったことは確かですが、経営者たちは急速に強まる市場からのプレッシャーに真正面から向き合いつつ、ポイズンピルなど試行錯誤を繰り返しながらも対症療法の限界を知り、中長期的な成長を志向する事業再編などアグレッシブな行動へと自ら舵を切っていったのです。その後、幾度かの危機を乗り越えながらも、アメリカ経済が数十年にわたって基本的には成長・拡大軌道を維持することができたのは、失敗例の蓄積から経営者たちが主体的に教訓を学び取っていった歴史的経緯があるとも言えるでしょう。

[コラム]「株主」の語られ方について

「海外投資家」という存在について、皆さんはどのようなイメージを持たれているでしょうか。

一口に海外投資家と言っても当然、その資産規模や投資目的、戦略は多種多様です。日本と同じように、**個人の投資家もいれば、企業年金や財団法人といった機関投資家、ヘッジファンドなどが存在します。**

投資先の企業価値向上のために議決権行使など積極的な行動に出るアクティビストなど、その実態はさまざまです。近年のサステナビリティ投資の機運の高まりの中では、企業価値・社会的価値の向上のために経営陣に働きかけるアクティビストたちが市場で担う役割の大きさが、改めて世界中で広く認識されるようになりました。

ところがなぜか日本ではいまだに、アクティビストと言えば十把一絡《じっぱひとから》げに、私欲のために企業を食い物にする厄介者のように捉えてしまう風潮があるようです。短期的利益を目的として買収先企業を食い尽くすというネガティブなニュアンスで、ハゲタカに譬《たと》えられることもしょっちゅうです。特に経済分野が専門外の報道機関が世に出すニュースでは、海外投資家、特に「物言う株主」と言えば、とにかく「悪者」という偏った固定観念が根強く残っているように思います。

たしかにこうした先入観の原因の一部は、本章で駆け足で振り返ったアメリカ株式市場の歴史の中にあるのかもしれません。

ハイイールド債の画期的な活用術を確立させたミルケンはその後、インサイダー取引について米国証券取引委員会（SEC）から訴追され、有罪判決を受けました。のちに恩赦を受けたとはいえ、彼の行為がM&Aの歴史に影を落としたことは間違いありません。

1988年に出版されたミルケンの評伝（コニー・ブルック著）は、綿密な取材に基づいて彼の足跡をたどる内容ですが、原題は『The Predetors' Ball』。プレデターというと宇宙人の映画を連想させますが、要するに、他人の企業を食い荒らす捕食者という意味合いです。ちなみに翌89年発行の日本語版のタイトルは『ウォール街の乗取り屋』（東洋経済新報社）となっています。

冷静に考えてみれば、彼がLBOの世界において資金調達の手段を拡大させたことは事実であり、彼の行動に対して下された刑事罰によって、企業買収による市場経済全体の効率化というコンセプト自体が否定されたわけではありません。とはいえミルケンを含め、各国金融界のアイコンたちによる過去の不祥事の蓄積が、企業買収そのものが悪であるという短絡的なイメージが形成される要因となった可能性は否めません。

先にも登場したKKR共同創業者のクラビスは回想の中で、自分たちが「バーバリアン」（野蛮人）と呼ばれてきたことへの苦悩をにじませています。この不名誉な呼び名は、KKRによるRJRナビスコの買収劇に関するブライアン・バローとジョン・ヘルヤーの共著『Barbarians at the Gate（バーバリアンズ・アット・ザ・ゲート）』（邦訳は『野蛮な来訪者』パンローリング株式会社）に由来しています。

近年では、一大ブームとなったサステナビリティ投資の機運の高まりを奇貨として、物言う株主に対するこうした偏ったイメージは、相当に修正されてきたように感じています。

日本では足元で、複数の機関投資家が組んで特定の企業に働きかける「協働エンゲージメント」の円滑化に向けた制度整備が進められています。社会的・経済的価値の向上のために思い切った取り組みに踏み出す企業の背中を押すという、投資家が担う重要な役割について、国内でも共通認識が形成されつつあることの表れと言えるでしょう。

忘れてはいけないのは、いつの時代においても、金融市場のエコシステムは実に幅広い投資家の多様性によって成り立っているということです。リスクテイクの水準、投資期間、アセットクラスについて異なる選好を持った千差万別の投資主体が集まるからこそ、成長に必要なリスクマネーを市場全体へ隅々まで十全に供給することが可能になるのです。

経営者にとって大切なのは、多様な投資家の中から、自社の持続的な成長のために有益なアドバイスとサポートを提供してくれるのは誰かを的確に見分けることです。日本の経営者たちはよく、複雑なエコシステムを持つ投資家の世界を一枚岩で片づけてしまいます。また、海外投資家の動向を単純化、矮小化して国民感情を刺激するような安易な報道は、めぐりめぐって、投資対象としてのこの国の魅力をかえって減耗《げんもう》させ、中長期的な経済の成長を阻害しかねないのではないかと強く懸念しています。

第2章

海外投資家が日本に注目する理由

企業どうしがしのぎを削り合うのと同じように、世界中の国・地域にある市場の間にも競争関係があります。海外からどれだけ多くの投資マネーを引き付けられるかどうか、各国の当局や取引所が知恵を絞り、税制の整備や、上場企業の魅力を向上する働きかけといった努力を続けているのです。

残念ながら日本はこれまで、市場間競争の場で、その存在感を十分に示すことができずにいました。海外投資家の立場で40年余りにわたり各国の市場と向き合ってきた私自身も、過去に二度ほど、母国である日本の市場に大きく失望させられた経験があります。

一度目は、私が金融の世界に飛び込んだ直後のことでした。日本出身の私は1984年、ニューヨークの年金運用会社であるエクイタブル・キャピタル・マネジメント（現アライアンス・バーンスタイン）に入社しました。経営陣は柔軟な発想の持ち主で、アメリカの投資家たちにとってまだ馴染みが薄かった日本の市場に、隠れた掘り出し物のような企業があるのではないかと考えていました。その吟味をさせることが、私を雇った一つの理由だったようです。

私は期待に応えようと、いくつもの日本企業の経営状況について調べを進めていき、そしてがく然としました。自動車にせよ精密機器にせよ、当時、日本の製品はアメリカの消費者に幅広く受け入れられていたにもかかわらず、投資対象としてみれば、日本企業は決して魅力的とは言えない状況でした。政策保有株という分厚いシールドで守られたブラックボックス的聖域に安住しているように見え、投資家向けの資料を見ても、経営者に直接話を聞いても、株主を意識した経営に対する姿勢は伝わってきませんでした。

「今の日本に、投資する価値のある会社は見当たりませんね」

そう伝えたところ、上司は「アヤが調べた上でそう考えるなら、日本株に固執することはない。アメリカの株も担当しなさい」と言いました。今にも増して白人男性中心の雰囲気があった当時の金融界において、マイノリティである日本人女性の私が日本だけでなくアメリカ国内のハイテクノロジー企業も担当する証券アナリストとしてキャリアをスタートさせたのは、こうした経緯があったのです（結果的に競争が極めて激しい世界最大の株式市場に腰を据え、企業分析力を鍛えることができたのは、振り返れば私にとって大きな幸運でした）。

日本市場に対する二度目の失望は、それから15年余り経ってからのことです。ポートフォリオマネジャーとして米国株投資に携わってきた私は、機会があって、日本株投資をするヘッジファンドへと転籍したところでした。前職のトラベラーズ社会長であるサンディ・ワイル氏は、経済サイクルの中で株価が底をついたライバルを買収して成長させた経営者として知られていました。その彼が1998年に日興証券の株式を25%購入したことがきっかけとなって、マーケット関係者の間で、日本株式市場が割安であり、魅力的な株が眠っているのではないかという期待感が高まりつつありました。日本株専門のヘッジファンドの設立という役割を任された私は、投資先候補を探すために、ひさびさの母国でさまざまな会社を回りました。しかし、どれほど大きな企業の経営陣と話しても、自分の会社の事業ポートフォリオを変えるという発想はなく、中長期的な成長に向けた納得のいく戦略を聞き出すことはできませんでした。彼らの受け答えには株主に対する配慮が感じられませんでした。

そのときに見た、大阪湾の夜の寂しい景色が忘れられません。バブル前後に開発が進められたベイエリアの高層ビル群でしたが、完成から年月が経っているにもかかわらず、当時、電気がついているフロアはほとんど見当たりませんでした。まるでこの国全体を覆っていた経済停滞の重苦しい雲が、港一帯から灯りを取り去ってしまったかのようでした。

しかし、あれから25年余りの時間が経った今、日本の株式市場は変化の時を迎えようとしています。多様なスタイルの投資家たちの中でも特に、後の章で詳述するバリュー投資家とアクティビストが、この国に眠っている宝のような企業銘柄の採掘に乗り出し始めているのです。

1980年代のアメリカと同様に、日本の経営者たちも長年にわたり身にまとってきた優等生的な振る舞いから脱却しつつあるようです。この変革にはさまざまな背景事情が複雑に絡み合っていますが、本書では企業や機関投資家に関する行動規範の整備や取引所による改革要請といった内的要因と、米中対立の激化や為替《かわせ》動向など外的要因とに大別した上で、それぞれ深掘りしていくことにします。

行動規範と「恥の文化」

日本株式市場に見られる変化の前提となった内的要因としては、まず、**安倍政権下から10年余にわたって進められてきたガバナンス改革の成果が挙げられます。ここで特に注目したいのは、コーポレートガバナンス・コード、スチュワードシップ・コードという二つの行動**

規範の整備と、東京証券取引所による市場改革です。

コーポレートガバナンス・コードは企業向け、スチュワードシップ・コードは機関投資家向けに策定された行動規範です。二つのコードはどちらも法律上のルールではなく、各企業、各投資家が自主的に採択した上で遵守するという建て付けの原則、いわゆるプリンシプルという位置づけです。

法的な拘束力がないにもかかわらず、二つのコードが一定の効力を発揮し、日本株式市場の変革に向けた推進力を生み出しているというのは、不思議に思われるかもしれません。ここで、両コードが整備された経緯を振り返りながらその中身を概観し、その実効性確保の上で日本に特有の「恥の文化」を両者がいかに有効に活用しているかを見ていきましょう。

二つのコード策定の直接的なきっかけとなったのは、第二次安倍政権発足から約半年後、成長戦略の一環として2013年6月に閣議決定された「日本再興戦略」です。戦略の中では、「機関投資家が、対話を通じて企業の中長期的な成長を促すなど、受託者責任を果たすための原則（日本版スチュワードシップ・コード）について検討し、取りまとめる」との文言が盛り込まれました。そして翌14年6月の改訂版で、「来年の株主総会のシーズンに間に合うよう新たに『コーポレートガバナンス・コード』を策定することを支援する」との方針が打ち出されたのです。

当初から二つのコードは、車の両輪のような相互補完関係が想定されていました。スチュワードシップ・コードは、機関投資家に対し、最終受益者（年金加入者など）にリターンを適切に分配する責任を前提として、中長期的な視点に立って上場企業と対話を行うよう促します。一方でコーポレートガバナンス・コードは上場企業に対し、幅広いステークホルダーと適切に協働しながら、収益力の改善を図るよう求めるものです。双方向からの働きかけを強化し、結果的に日本経済全体におけるリスクマネーの好循環を実現するというわけです。

コーポレートガバナンス・コードというと、独立社外取締役の機能強化という点ばかりが殊更に注目される風潮があるようですが、このコードが掲げるコンセプトの射程は、役員構成の問題に限られるものではありません。コーポレートガバナンス・コードは最上位に五つの基本原則を置き、その下に原則や補充原則がぶら下がる三層構造で成り立っています。前章で触れたアメリカの法制度と比較しながら、主要な基本原則の中身をのぞいてみると、市場機能の発揮に向けた日米のアプローチの違いがよく分かります。

日本のコーポレートガバナンス・コードの冒頭の基本原則1では、全ての株主の権利と、平等性の確保がうたわれています。

基本原則1（株主の権利・平等性の確保）

上場会社は、株主の権利が実質的に確保されるよう適切な対応を行うとともに、株主がその権利を適切に行使することができる環境の整備を行うべきである。また、上場会社は、株主の実質的な平等性を確保すべきである。少数株主や外国人株主については、株主の権利の実質的な確保、権利行使に係る環境や実質的な平等性の確保に課題や懸念が生じやすい面があることから、十分に配慮を行うべきである。

経営陣向けか投資家側向けかという違いはあるものの、この基本原則とエリサ法とは、前提となる考え方に通じるところがあります。前章で述べたように、規模や国籍、そして投資目的もさまざまである株主たちの間の「実質的な平等性」を実現するには、特定の関係者にとって都合のよい判断によって他の株主が不利益を被るような、経営判断を左右する不透明な要因を排除する必要があります。少数株主や海外投資家を含め、誰もが安心して市場を作り上げるというコーポレートガバナンスの制度設計の理念には、エリサ法の影響が垣間見られます。

続く基本原則2では、株主以外のステークホルダーとの適切な協働が掲げられています。株主利益の追求という文脈からは外れるためここでは割愛しますが、ESG投資の機運の高まりの中で、この部分が気候変動対策とも関連づけて語られることもある重要な規定と言えるでしょう。

株主の権利や平等性、適切な協働をうたっていても、それが単なる美辞麗句で終わってしまっては意味がありません。基本原則3以降では情報開示などの切り口から、ガバナンス改革の具体的な取り組みに踏み出すよう各社に迫っています。

基本原則3（適切な情報開示と透明性の確保）

上場会社は、会社の財政状態・経営成績等の財務情報や、経営戦略・経営課題、リスクやガバナンスに係る情報等の非財務情報について、法令に基づく開示を適切に行うとともに、法令に基づく開示以外の情報提供にも主体的に取り組むべきである（後略）。

……………

注目したいのは、各原則の文末が「べきである」という表現で統一されているところです。先にも触れた通り、コーポレートガバナンス・コードは法律上のルールではなく、行動規範であるプリンシプルという位置づけです。直接的な罰則規定が存在しないため、建前上はコードを遵守するもしないも企業側の自主性に委ねられています。

「べきである」という言い回しは一見、押しつけがましいようなニュアンスを感じさせるものの、実は何ら明確なルールを設けているわけではありません。日本語の便利な曖昧さというべきか、企業の経営陣にとってどのような行動が望ましいかという規範認識を、ただ提示しているだけなのです。このスタンスは「責任の明確化」「対話」といった観点から企業に改革を迫っている基本原則4、5にも共通しています。

法的な拘束力がない中で綺麗ごとに終わらせることなく、コードを使っていかにして企業を具体的な行動に導くか、つまりエンフォースメント（実効性の確保）をどのようにするかという観点で、取引所は実にうまい手を使っていると言えます。日本の民間セクターに特有の、横並び主義的な「恥」の文化を活用したのです。

コーポレートガバナンス・コードは「コンプライ・オア・エクスプレイン」と呼ばれる仕組みを採用しています。上場企業は基本的に原則を取り入れること（コンプライ）を求められますが、取り入れない合理的な理由を説明（エクスプレイン）できるのであれば、仮にコードを無視してもお咎めを受けることはありません。ただし、コードを取り入れず、しかもその理由について十分な説明をしない場合には、東証による公表措置等の対象となる可能性があります。不採用企業の名指しを、一種の制裁としてちらつかせているとも言えます。

コーポレートガバナンス・コードの対応が不十分として名指しされることは、企業統治体制そのものの不全を疑われる強烈なイメージダウンにつながりかねません。今までのところ、コード不採用によって企業が公表措置となった例は見当たりません。各社の経営陣が抱いている横並び意識が、結果的にコード遵守の行動に結び付いているためと考えられます。

一方で、機関投資家向けの行動規範であるスチュワードシップ・コードも、法的なルールではないプリンシプルという位置づけながら、コンプライ・オア・エクスプレインの仕組みを採用しています。ただ、民間事業者側を具体的な行動に駆り立てるための手立てについては、コーポレートガバナンス・コードよりもさらに手が込んでいると言えます。

金融庁は定期的に、スチュワードシップ・コードの受け入れを表明した機関投資家のリストを公表しています。このリストは定期的に更新されますが、業界ごとに見ると、主要な企業の顔ぶれが一通りそろっているだけに、仮にどこか1社でも社名が抜けているとかえって悪目立ちしてしまいます。直接的な名指しによる業界側からの反発を避けつつ、横並び意識に由来する「恥」の作用を逆手に取って、行動を促しているわけです。

結果的にスチュワードシップ・コードは、アメリカのエリサ法と同じように、大切なお金を預かって運用する「受託者責任」の意識を日本の機関投資家の間に浸透させ、株主と経営陣の対話を活性化させるきっかけとなりました。行動規範というと生易しいような響きがありますが、コーポレートガバナンス・コードが、遵守や説明を拒む上場企業の「吊るし上げ」によって実効性を確保しているのに対し、スチュワードシップ・コードの方は、コードを受け入れない企業をリストから「仲間外れ」にする姿勢を示すことで結果的に遵守させるという、制度運用の冷酷な側面も持ち合わせているのです。どちらも重要な規範ですが、私は特

日本版
スチュワードシップ・コードの8原則

原則❶ 機関投資家は、スチュワードシップ責任を果たすための明確な方針を策定し、これを公表すべきである。

原則❷ 機関投資家は、スチュワードシップ責任を果たす上で管理すべき利益相反について、明確な方針を策定し、これを公表すべきである。

原則❸ 機関投資家は、投資先企業の持続的成長に向けてスチュワードシップ責任を適切に果たすため、当該企業の状況を的確に把握すべきである。

原則❹ 機関投資家は、投資先企業との建設的な「目的を持った対話」を通じて、投資先企業と認識の共有を図るとともに、問題の改善に努めるべきである。

原則❺ 機関投資家は、議決権の行使と行使結果の公表について明確な方針を持つとともに、議決権行使の方針については、単に形式的な判断基準にとどまるのではなく、投資先企業の持続的成長に資するものとなるよう工夫すべきである。

原則❻ 機関投資家は、議決権の行使も含め、スチュワードシップ責任をどのように果たしているのかについて、原則として、顧客・受益者に対して定期的に報告を行うべきである。

原則❼ 機関投資家は、投資先企業の持続的成長に資するよう、投資先企業やその事業環境等に関する深い理解のほか運用戦略に応じたサステナビリティの考慮に基づき、当該企業との対話やスチュワードシップ活動に伴う判断を適切に行うための実力を備えるべきである。

原則❽ 機関投資家向けサービス提供者は、機関投資家がスチュワードシップ責任を果たすに当たり、適切にサービスを提供し、インベストメント・チェーン全体の機能向上に資するものとなるよう努めるべきである。

にスチュワードシップ・コードの重要性を強調したいです。

岸田プランの影響

安倍政権下で始まった二つのコードの整備は、国際的な市場間競争において日本株式市場の存在感を向上させる基盤を作りました。

この流れを受けて、海外投資家に対する積極的なアピールを官民一体で本格化させるきっかけを作ったのが、岸田政権下で内閣官房直轄組織「新しい資本主義実現会議」が策定した二つのプラン――「資産所得倍増プラン」（2022年11月）と「資産運用立国実現プラン」（23年12月）です。厳密に言えば前者の「倍増プラン」の中身は策定後、後者の「実現プラン」に統合されていますので、ここでは便宜上、まとめて「岸田プラン」と呼ぶことにします。

岸田プランで最も注目を集めたのは、何といっても個人による少額投資を税優遇（非課税化）するＮＩＳＡ制度の拡充です。プランの本来の目的は金融市場全体としての資金循環の実現にあり、税制改正による個人投資促進はそのパーツの一つに過ぎません。

資金の好循環の実現というコンセプトについて、政府はよく「インベストメントチェーンの強化」という表現を用いて説明しています。インベストメントチェーンとは直訳すれば「資金供給の鎖」のことで、投資を受けた企業が成長し、その恩恵を投資家側が公平に受け取る互恵関係といった意味合いがあります。

チェーンと聞くと、何かシンプルな鎖の輪っかのようなものを想像したくなるところですが、現実の市場内の資金の流れは極めて複雑で、多種多様なプレイヤーの縄張りや思惑が絡み合っています。岸田プランではインベストメントチェーンを構成するさまざまな主体を、家計（個人投資家）、金融商品の販売事業者（銀行や証券会社など）、資産運用業者（投資信託の運用会社など）、アセットオーナーなどの機関投資家、そして市場で調達した資金を活用して成長を目指す企業というふうに整理し、それぞれの機能を強化するための施策を打ち出しました。その具体策として、NISA拡充により家計に滞留する2000兆円超の預金を投資に回し、プリンシプルの整備や規制強化（金融サービス提供法改正による、いわゆる「最善利益勘案義務」の創設）によって販売事業者、資産運用業者の業務高度化を促したのです。アセットオーナーについては、岸田政権下で新たなプリンシプル（アセットオーナー・プリンシプル）が制定されました。

インベストメントチェーンを強化するこうした政策の中でも、特に企業におけるガバナンス改革および市場改革はその後、国内上場企業の経営姿勢、資本政策に大きな影響を与えました。

東京証券取引所は23年3月、プライム市場・スタンダード市場の全上場会社を対象に、「資本コストや株価を意識した経営の実現に向けた対応」を要請。その後、金融庁側も東証とともに、要請を受けた各社の対応について「フォローアップ」するとの方針を公表し、各社をけん制しました。

東証による要請の中身を見ると、「政策保有株を売却せよ」「自社株買いを積極的に実施せよ」といった明確な具体策が明示されているわけではありません。実際の文面ではただ資本コスト・収益性の現状分析、改善に向けた計画策定とその開示・実行というサイクルを提示しているに過ぎないのです。にもかかわらず、東証による改革要請は各社の経営姿勢を変えました。実際、上場企業による株式の売出総額は23年、24年ともに2兆円を超える高水準で推移しています。24年最大の売り出しとなったホンダ株については、大手損害保険会社、メガバンクなどが売り手となり、金融業界を含む各分野の大企業が持ち合いの慣例から脱却しつつあることを印象づけました。

政策保有株が占める割合は、日本経営がどれだけ変わったかを示す、最も有用な指標だと言えます。企業経営者たちがどれだけ立派な戦略を口にしても、それは単なる意思表示に過ぎません。一方、持ち合い株の保有状況に関するデータは、株式を売却する企業側が価値向上への意志を行動に移しているかを示しているのです。日本取引所グループ（JPX）の公表データによれば、株主に占める金融機関と事業会社の比率は1990年には68・5％に上っていましたが、2023年には37％まで減少しています。

東証が公表している調査結果によれば、24年7月時点でプライム市場の86％にあたる1406社、スタンダード市場の44％にあたる701社が、要請を受けた自社の対応状況について対外的に開示済みだといいます。法的な強制力に頼ることなく、情報開示を求めることによって、乗り遅れによる悪目立ちを防がなければいけないという心理的プレッシャーを与えるこの手法は、先に紹介したコーポレートガバナンス・コードやスチュワードシップ・コードにおける実効性確保のアプローチともよく似ています。

岸田政権発足以前から準備が進められてきた東証の市場区分再編（2022年）に合わせ、上場維持基準が引き上げられたことも注目に値します。グロース市場の上場維持基準を「上場10年後に時価総額40億円以上」と定めたことについては、依然として規律づけが不十分といった批判はあるものの、ぬるま湯化していた株式市場を「再加熱」し、左うちわではない激動の時代を生き延びることができない現実を各社の経営層に知らしめる警鐘として、大きな意義があったと思います。上場を継続する理由が乏しい企業に退陣を迫ったことも、公開市場を通じて幅広い投資家から成長資金を集めるという株式市場本来の役割を、改めて明確化するきっかけになったのではないでしょうか。

NISA拡充の隠れた意義

このように岸田プランは、インベストメントチェーンを構成する各プレイヤーの機能強化を、成長と分配の循環に結び付けるという構想を政策に落とし込んだものです。そのパーツの一つであり、3年間続いた岸田政権のレガシーとも称されるNISA制度の拡充をどう評価するべきか、ここで改めて考えてみましょう。

まずは新制度の概要を確認しておきましょう。注目を集めたのは、NISAの枠を利用して税制メリットを受けられる投資上限額の引き上げです。これまで年間投資額は積立枠が40万円、一般枠が120万円に制限されていましたが、拡充によって積立枠が3倍の120万円に、成長投資枠（旧一般枠）が倍の240万円に拡大。合計で年間360万円が投資可能になり、利用者一人あたりの生涯投資可能枠は1800万円になりました。

また、これまでのNISA制度はあくまで時限措置付きの、いわば期間限定キャンペーンのようなものに過ぎませんでしたが、拡充を機に制度そのものが恒久化されました。

岸田プランでは、5年間でNISA総口座数を3400万に倍増させるとの目標を掲出。2024年9月末時点の口座数は2500万と目標まではまだ距離があるものの、旧制度に比べると口座開設も買い付けも加速している印象です。

新NISAの成長投資枠では国内株式に直接投資することも可能ですが、現時点で制度利用者の買い付けはいわゆる「オルカン」など、海外株式を組み合わせた投資信託に集中しています。日本の株式市場は多数の機関投資家が参加しており、プライム市場だけで年間900兆円（23年）を超える取引があります。NISAの制度拡充から9月末までの9カ月間における上場株式の買付額は5兆円未満であり、相場に目立った変動を与えているとは言えません。

また、せっかく国の税収を犠牲にしてNISA制度を拡充したのに、国内の個人投資家が日本企業を無視してオルカンを買い続け、キャピタルフライト（資本逃避）を加速させてしまっては本末転倒だといった批判もあります。国内株式市場への成長資金供給に、NISAが実際に及ぼしている効果は、たしかに現時点で限定的と言わざるをえません。おそらくNISAの狙いは株投資による国民の老後のための資産形成という重大な大義名分に加え、大規模金融緩和政策の下で日銀が大量に購入してしまったETFの買い手としての受け皿を作り、株式市場混乱を避けてうまく売り抜ける仕組みを構築することにあったのだと私は思います。

このように、市場に与えるインパクトとしてはあまりパッとしなかったNISA制度の拡充ですが、別の側面から見ればそれなりの意義もあったと思っています。日本で暮らす一人一人の生活者に、国内外の経済状況に自分事として向き合う貴重な契機を与えたからです。成長と分配の循環を実現するインベストメントチェーンという構図の中で、個人投資家は二つの役割を同時に担っています。それは、リスクマネーの循環を支える資金供給者の一つであるということ、もう一つは、最終的に恩恵を享受する主体でもあるということです。

資金供給者としての個人投資家は、同じ市場に参加している機関投資家などと比較して、その投資規模や影響力が大きいとは言えません。しかし、インベストメントチェーン強化による持続的経済成長という政策コンセプトのそもそもの目的論に立ち返れば、個人投資家のリターン拡大はここで紹介した全ての政策が究極的に目指す共通目標でもあります。

ＮＩＳＡなどを通じて最近投資を始めた方は、市場の動きによって自身の含み益（または含み損）が増減するのを目の当たりにして、一見抽象的にも思える株価や各種経済指標の「手触り」を実感したことでしょう。インベストメントチェーンに参加することは、この国の経済社会の在り方について根本的な問題意識を持つきっかけにもなります。海外投資家による国内企業を対象としたＭ＆Ａの動きが加速しつつある中、日本株式市場の「アメリカ化」の兆候をどのように評価すべきか――この問いについては、改めて取り上げることにしましょう。

今後の課題として、国内の運用会社の競争力を高める必要があります。「資産運用立国」を名乗るのであれば、海外の投資家に頼るのではなく、国内のスペシャリストを育てる必要があるのです。

注目したい四つの外部要因・構造要因

ここまで日本株式市場における足元の変化について、制度論を中心とした国内要因に焦点を絞って考えてきました。

安倍政権下の成長戦略に端を発するガバナンス改革や、岸田政権下で資産運用立国の旗印の下で実行に移されたもろもろの施策は、長年、海外の機関投資家たちから等閑視されてきた日本株式市場の存在感を向上するための土台を作りました。ただ、海外投資家から日本が注目を集める直接的なトリガーとして機能したのはドメスティックな制度改正というより、グローバルレベルの情勢変化に起因する同時発生的な外部要因でした。ここでは「安全保障」

「相対的な割安感」「非効率性」「インフレの再来」という四つの観点から、日本株式市場をめぐる状況変化についてさらに深掘りしていきましょう。

①米中対立で地政学的に注目される日本市場

日本への注目度の高まりは、安全保障環境の変化を抜きにしては語れません。米中対立の激化により、中国を含む権威主義国家に向かっていた投資マネーの一部が、戦略変更に伴い、日本に流れ込もうとしているのです。

中国では2001年のWTO（世界貿易機関）加盟を境に経済成長が加速。中国共産党の改革派の主導による支配の下、さまざまなレベルでの経済改革や株式市場の整備が段階的に進められてきました。日本を含む先進国の有力機関投資家たちは潜在的な成長力への期待感から、中国株式市場での投資活動、あるいは公開市場を経由しない直接投資を拡大し続けてきました。

しかし習近平国家主席の体制下では、予想に反して政策方針が一変。領土問題をめぐって挑発的な行為も目立つようになり、隣国および西欧諸国との軋轢が生じました。

トランプ大統領の1期目の任期中には、ハイテク部門や素材部門における米中間の摩擦は貿易戦争の様相を呈し、露骨な覇権争いへとつながっていきました。24年11月の大統領選でカマラ・ハリス氏に勝利したトランプ氏は正式就任前から、過去類例を見ない規模の対中関税引き上げを実施する考えを示し、現実となっています。中国とのさまざまなレベルでのディールの過程で、米中関係の悪化がもはや後戻りできない分水嶺を通過してしまっていることは間違いないでしょう。

アメリカを含む民主主義国家陣営からの追加的制裁の可能性が否定できない中、特にアジア地域専門ファンドにとって中国に投資を続けることは、いっそう困難になっています。そこで、**アジア各国の中で比較的流動性があり、政治状況も他国に比べれば比較的安定していて、しかも投資家の権利が制度上守られている日本が、資金の新たな向かい先の候補として浮上するようになったのです。**

②日本企業の割安さ

安全保障環境の変化は、たしかに海外投資家たちの目を日本に向けさせましたが、それは消去法的な動機を提供したに過ぎません。**機関投資家やファンドが日本企業に関心を示す積極的なモチベーションの源泉となっているのは、日本企業の極端な「割安さ」です。**

先述した東証の市場改革要請では、株価純資産倍率（ＰＢＲ）という指標に焦点が絞られました。本書冒頭でも紹介した通り、これは倍率が1を下回ると理屈上、そのまま経営を続けるよりもいっそ企業を解散して資産を分け合った方が株主にとって得になるという、実にシビアな意味合いを持つ指標です。

東証による改革要請の発出前（２０２２年７月）の時点で、ＰＢＲ1倍割れの企業はプライム市場全体の50％（９２２社）に上っていました。要請の効果もあって24年5月には43％（７０３社）に減少しているとはいっても、国内最高ランクの市場全体に占める、不名誉な烙印を押されている企業の割合としては依然として高水準です。

なぜ日本企業の株価がこれほど「安い」のか、理由は明白です。まず、企業としての利益率が低すぎるからです。株式市場を見渡しても、アメリカの「マグニフィセント7」といわれるような、高マージンで国際的な競争力を持った企業群は見当たりません。

世界の産業構造は、日本の企業がこれまで「お家芸」のように得意としてきた第二次産業の製造業主導から、第三次産業のサービス業主導に移行してきました。製造業においても、日本企業は品質至上主義が裏目に出た結果、価格差をつかれて韓国や中国企業の躍進を許してしまいました。特に商品サイクルが短いハイテク分野では、日本型企業の経営決定の遅さが痛手となりました。

過去の成功体験にあぐらをかき、新興勢力の台頭を許してしまった失敗の根底には、責任の所在が不明確で意思決定のスピード感に欠ける、合議制をベースとした経営体制の問題があると考えられます。急速に注目度を高めるＡＩの分野でさえ、グローバルで特出した日本企業は残念ながら一つも存在しません。

もちろん株価が単に安いことと、割安であることは全く別の話です。今安いからといって、将来必ず株価が上向くとは限りません。割安とは、株価が実際の企業価値を反映しきっていない、つまり過小評価されている状況を意味します。世界中の機関投資家が取り入れているバリュー投資の手法では、将来的な株価上昇につながる変化が起こりつつあるのかという観点で企業を精査します。バリュー投資はアナリストやファンドマネジャーにとっては、調査・分析にあたる腕の見せ所となる、極めてやりがいのある分野とも言えます。

③収益源としての「非効率性」

日本がこれまで長年にわたり、激しさを増す国際市場間競争の場で存在感を示すことができなかったということは、海外投資家から見て、今となっては逆説的にこの国の資本市場が持つ魅力の一部として評価することができます。

というのも、プロの投資家たちは常に世界中の主要な市場の企業について調査し、投資機会の発掘にいそしんでいるわけですが、日本企業は長い間、有力証券会社のアナリスト集団からもほとんど無視され続けてきたため、彼らのカバー範囲から漏れている「お宝」企業が今も山ほど残されているからです。

プロの投資家はよく、非効率性という言葉を使います。

事務的な作業やビジネスなどで効率性と言えば普通、できるだけ短い時間に少ない労力でタスクをこなし、あるいは付加価値を生み出すことを意味します。効率を上げるほど収益も拡大していくというイメージが強いかと思います。ところが投資の世界ではその逆で、非効率性こそが収益の源泉とみなされることがあります。

たとえばアメリカの株式市場では、あらゆる企業の情報開示にアクセスできるインフラが構築され、その利便性もテクノロジーの進展とともに向上してきました。投資家どうしの公平性を担保する制度整備も進んでおり、基本的にどのプレイヤーにも投資機会が均等に振り分けられています。このように成熟した市場は、情報や投資機会が均質化され、「効率的」に市場が機能していると言えます。

効率化された市場は、市場に参加するハードルが低いので、一見、投資家にとってよいことばかりのように思えるかもしれません。ただし、誰でも同じ条件で参加できるということは裏を返せば、同一条件の下で多数のプレイヤーがしのぎを削り合うため、他者よりも収益を上げ、「出し抜く」ことの難易度が高いということでもあります。

一方、情報にアクセスするためのインフラが構築途上にある非効率的な市場では、有益な情報さえ手に入れば、ベンチマークを上回る超過収益（アルファ）を実現するチャンスが生まれます。非効率性は必ずしもエマージング（新興国）市場だけでなく、先進国において公開市場が存在しないニッチな分野にも見出すことができます。

誤解を恐れずに言えば、一見すると先進国に見える日本株式市場も、情報開示の精度や粒度は、アメリカなどに比べて未熟と言わざるをえません。調査に時間をかけて情報優位に立つことができれば高確率でアルファ実現が期待できる、エマージング市場のような要素も見られるのです。

と、ここでは投資家側から見た収益の源泉としての非効率性についてお話ししましたが、日本の企業は、ビジネス面としては効率性が著しく低い部分が残っています。終身雇用制度が硬直化しているだけでなく、本部の人材が多すぎて、本社が取るマージンが大きすぎるといった問題もあります。たとえば日本の企業では重役一人につき一人以上のアシスタント（秘書）が付いて、手取り足取り雑務をこなしてくれるという慣例があります。しかしこれは海外から見れば異常なことで、アメリカでは何人もの重役がたった一人のアシスタントを共有することが普通です。

④デフレからインフレへ

こうした構造的要因に加え、あまり一般の投資家が馴染みのない論点として、コロナ禍の副作用で世界中に広がったインフレの影響が挙げられます。

日本はバブル終焉後、ディスインフレやデフレに悩まされ続けてきました。インフレが日本に戻ってきた最初のきっかけは、コロナ禍の最中に世界中のサプライチェーンが分断されたことです。その後、日本では賃金の上昇を起因として、消費マインドの改善によるインフレへと移行しつつあります。

これは日本の名目GDPを見れば一目瞭然です。バブル終焉以降、ながらく横這い傾向が続いていましたが、ようやく2023年になって最高値を更新し、24年には初めて600兆円を超えました。

名目GDPは企業価値にとって非常に重要です。というのも、企業は名目の世界に住んでいるからです。デフレは企業の価格力をそぎ、最終的には業績の成長力をそいでしまいます。価格を上げられればその分、売り上げの業績は上向いていきます。たしかにハイパーインフレになると、最終的には金融資産にとってマイナスになりますが、幸い今のところ、円安も一段落し、日本にその兆候は見当たりません。

日本市場への投資をブームで終わらせないために

政治情勢の不安定化など不確実要素はあるものの、本章で確認したような基本的な条件が変わらない限り、海外投資家から見た日本株式市場の魅力の高まりは、当面継続すると考えられます。セブン&アイ・ホールディングスの例のように、国内有力企業がある日突然、買収提案を受けるといったケースが今後、相次ぐことも予想されます（加えて、国内勢どうしでも足元で買収の動きが活発化していることも、各社の経営陣にとって無視できない重みを持っています。2024年内だけでもKDDIによるローソンへの株式公開買付（TOB）、キリンホールディングスによるファンケルの買収、ホンダと日産自動車による一時的な経営統合協議など注目の動向が相次ぎました）。

ただ、日本投資が一過性のブームで終わってしまう懸念は否めません。10年余りにわたる環境整備が実を結びつつあるこのタイミングで、国内株式市場の魅力度にさらなる磨きをかけるべきなのかもしれません。

私の経験から言えば、やはり日本の企業の経営者は、自国の機関投資家からの意見に一番耳を貸す傾向があります。ようやく始まった政策株売却の流れが中途半端で止まってしまうことのないよう、企業が一段のガバナンス改善に踏み出すため、日本の機関投資家がエンゲージメントを通じて強く主張してくれることを期待します。また、金融庁においても、日本企業の背を押すようなもう一段踏み込んだルール整備が待たれるところです。

海外投資家を含む多様なプレイヤーが安心して参加できる環境を作るためにも、やはりアメリカのエリサ法のように、受託者責任を法的に明確にして、レブロンルールのように、株主全員の利益を損ねかねない不透明要因を排除する厳格なルール作りを検討する必要があるのではないでしょうか。これまでのところ、各種プリンシプルの制定などの働きかけが、各社の経営陣の行動変容に一定程度、結び付いてきたことは事実です。しかしその成果を可能にした日本特有の「恥」の文化は、海外投資家から見れば得体のしれないブラックボックスのようにみなされてしまう心配があります。

投資家の国籍や規模、その企業にとって馴染みがあるかどうかにかかわらず、全ての投資家が平等に収益獲得に機会を与えられるという信頼感とブランドを築き上げなければ、市場間競争が激しさを増す中で、長期的な視野を持った海外投資家を日本に惹き付け続けることは難しいでしょう。逆に言えば、日本株式市場の伸びしろはまだまだ大きいとも評価できるのです。

第3章

海外投資家は日本の企業をどう見ているか

バリュー投資のアプローチ

日本市場への注目度の高まりについて、ここまでその背景を内的変化と外的変化とに整理しながら見てきました。ところで実際のところ、海外投資家は日本国内の企業をどのように見ているのでしょうか。海外勢から見て将来的な価値向上が期待でき、資金支援に踏み出したくなるのはどんな会社であり、反対に投資を躊躇するのはどのような会社なのでしょうか。

同じ市場の企業群を投資対象としていても、海外投資家と国内投資家とでは企業の見方や投資戦略の傾向が異なります。**現状、上場株式市場で発生する日本株の取引のうち、およそ7割を海外勢が占めています。オルカンを選好する個人投資家の資金の多くが海外株式に向かう中、日本市場が国際競争力を増していけば、プライム市場やスタンダード市場における海外勢の存在感は今後いっそう強まっていくかもしれません。**彼らは主にアメリカの株式市場での取引経験をベースにして投資戦略を磨き上げてきているケースが多く、その投資手法や企業選別の基本的な考え方を理解することは、日本国内の個人投資家と経営者にとって「相手を知り己を知る」ためにも有益でしょう。

株式投資の戦略には現在、大きく分けて「グロース投資」と「バリュー投資」という二つの種類があります。

これから投資の世界に足を踏み入れる方々にとっては馴染みのない言葉かもしれないので、少し説明しておくと、グロース投資とは、今の株価が割安か割高かにかかわらず、投資先の企業が将来的に成長すると見込んで株式を購入する戦略のことです。投資先が収益力を拡大して株価を上昇させれば、株主に恩恵がもたらされることになります。残念ながら今の日本には、アメリカのマグニフィセント7のように高成長と高い利益率で圧倒する企業群が存在せず、世界のグロース投資家にとって注目度が高いマーケット環境にはなっていません。

これに対し、バリュー投資は、実際の企業の価値に比べて市場の評価が低すぎる、つまり株価が「割安」だと考えられる企業を探し出し、株式を購入する戦略です。**日本に注目している海外の投資家の多くは基本的にバリュー投資家です。なぜなら、アメリカの企業は株価がすでに軒並み上昇してしまい、ヨーロッパでは、90年代にコングロマリット企業の改革が進み、割安な会社は見つけられず、世界のバリュー投資家にとって、日本株式市場とは埋もれた宝のような銘柄がまだまだ多く眠っている沃野《よくや》のような場所だからです。**しかも、日本の株式市場は、先述のように、資本主義国家としてしっかり法律が整備されている上、マーケットに流動性があり、多くの業種の企業がそろっていて、一部の外国為替及び外国貿易法（外為法）で規制される業種を除けば外資規制もないなど多くの魅力があります。あとは、そこに埋もれている宝を磨いてくれる、優秀な経営者が現れるかが最も重要なポイントとなります。

一言でバリュー投資と言っても、実際にはさまざまなアプローチがあります。ここでバリュー投資に分類される代表的な戦略の特徴を説明します（実際のプロ投資家は、複数のバリュー投資のアプローチを組み合わせて投資先を選定していることが多いです）。

①ディープ・バリュー型投資

まず、典型的なバリュー投資の戦略として、会社の解散価値に比べて株価が極端に割安のまま市場に放置されている企業を見つけ出して投資する、ディープ・バリュー型の投資スタイルが挙げられます。

ディープ・バリュー型の投資戦略の特徴は、「投資先の将来的な業績の行方をあまり気にしない」ということです。もちろん極端な赤字になる可能性についてはリスク分析の観点から検証することもありますが、たいてい、最終的な投資選択にはほとんど影響しません。

この投資スタイルが世界中に広がったきっかけとなったのが、1929年の株価大暴落でした。「株を買うときはどれだけ下値リスクから投資資金を守るかが大切であり、万が一の危機的状況が訪れた場合、会社を整理したときに株主が得られる金額よりも低い金額で株式を買ったら損は出ない」という大恐慌の教訓が、投資資金を守ることを目指すこの投資哲学に結実したのです。

34年に出版された『Security Analysis（証券分析）』という、この投資スタイルのバイブルとなった本があります。コロンビア大学の教授であったベンジャミン・グレアム氏とデビッド・ドッド氏が手掛けた本書は、現在も数々の経営大学院の投資の授業で、必読書籍リストに含まれています。

ただ、このスタイルには弱点もあります。割安と考えられる企業銘柄に投資したあとも、結局その企業の経営陣が企業価値の向上を目指す行動を取ることがなく、割安の状態が長引いてしまう「割安さ（バリュー）の罠（Value Trap）」という問題です。ただ、東証による市場改革の取り組みや、アクティビストの存在感の高まりの中で、彼らから要求を突き付けられた経営陣が株価と企業価値のギャップを縮めるといった前向きな動きが、少しずつ広がってきているのです。

②相対的割安株投資

相対的割安株投資のスタイルでは、まず、配当利回り、株価簿価比率（ＰＢＲ）、株価収益率（ＰＥＲ）、EV/EBITDA（買収金額をどのくらいの期間で本業利益から回収できるか）などの指標を使って投資先の絞り込みを進めていきます。指標は、単独でピックアップしたり、またはその複数を組み合わせて使うこともあります。その後、その企業の収益力などについて具体的に調査をかけ、なんらかのきっかけ（触媒＝catalyst）で割安さが是正される可能性の高い株式を選定し、投資するのです。

「割安さが是正される」といった変化が起こるきっかけにはいくつかのパターンがあります。

私が一番注目するのは経営陣の交代です。また、新製品の開発による売上・利益の成長の変化率の上昇、規制緩和や寡占化による業界の構造変化などが挙げられます。これらの変化が株の上昇につながるためには、業績回復や利益率改善などさまざまなファンダメンタルズ要素の改善が伴うことが鉄則です。

③バフェット流の「MOAT」式投資

コロンビア経営大学院から世に出た著名な投資家であるウォーレン・バフェット氏は、駆け出しのころ、ディープバリュー投資家として活動していましたが、次第にこの手法の限界を感じ、彼特有のバリュー投資哲学を作り上げていきました。彼が注目したのが、競争優位性の強さやその耐久性を意味する「MOAT」という考え方です。たとえばバフェット氏がコカ・コーラ社株を1990年代に買い始めたとき、ディープ・バリュー投資の観点で言えば同社の株価は決して割安とは言えませんでした。が、市場における同社の競争優位性がその後も持続していたことを考えれば、「MOAT」の観点では十分に割安だったと評価できるのです。

私自身はこの中でも、2番目に紹介した「相対的割安株投資」を軸に据えて活動してきました。アメリカ株式で成果を挙げることができたので、それを90年代に日本株に応用しようと思ったのですが、当時の日本は先ほど触れたバリューの罠のどん底にとらわれていて、バリュー投資の良さを生かすにはあまりにも時期尚早でした。株がどれだけ安く放置されていても、政策株主に守られている状態では買収の対象にならず、企業の経営陣たちも特段の対策を打つ必要がないと考えていたのです。

それから20年以上が経ち、日本市場は今、世界のバリュー投資家から注目されています。**他の先進国の市場に比べてまだまだディープ・バリューの株が多々存在する上、アクティビストが本格的に進出し、経営陣を守っていた政策株主が消えていき、こうした変化を背景として、バリューの罠から宝のような銘柄を引っ張り上げる動きが加速しているからです。**オリンパス、DNPなどがその典型例として挙げられるでしょう。こうした時代の変化の中で私は、先ほど紹介した既存のバリュー投資哲学が日本株投資にも有効に働くようになると確信しています。

株価上昇の鍵は選択と集中

私はバリュー投資を専門としている日本出身の海外投資家という立場で、年間300社の日本企業の経営陣と面会してきました。一口に経営者といってもその能力や経歴、キャラクターは千差万別です。が、彼ら、彼女らと繰り返し膝詰めで意見を交わすうち、成長が期待できる企業の経営者に共通する特徴が分かり、その見極めがだんだんにできるようになってきました。

いざというタイミングを逸することなく経営者が迅速に判断を下し、市場から受ける期待を現実の成長力へと転換していける企業かどうかを見定めるためにはどうしたらよいのか――最終的な投資判断はご自身で行っていただくことを前提として、私が数十年の経験の中で練ってきた分析法の一端を紹介します。

世界中の投資家を引き付ける優良企業が必ず行っていることがあります。それは、「選択と集中」です。

日本では戦後の高度経済成長期において、幅広い企業どうしの業界横断的な吸収合併によるコングロマリット化が進みました。多角経営というと響きだけは良いようですが、ビジネスとはどれ一つとっても複雑怪奇であり、優秀な人材が知恵とエネルギーを惜しみなく注ぐことができなければ、同業他社を押しのけて長期的に生き残ることは困難です。

コングロマリットとはいわば、組織化されたエクスキューズ（言い訳）装置のようなものです。コアのビジネスが不振にもかかわらず、なまじ好調なノンコアの部門の収益で穴埋めできてしまっていると、事業の手広さ自体が株主への言い訳に利用され、企業戦略の問題点に向き合って改革に踏み切るチャンスの芽が失われてしまいます。反対にノンコアで膨らんだ損失をコアで補っている場合、全体として黒字を維持しているだけにコングロマリット形態を維持することの是非を議論する機運が生まれにくくなるのです。

ノンコアを手放して本業に専念することは、言い訳のできない道を選択してそこに自らを追い込むことであり、たしかに経営者にとっては心理的ハードルが高いのかもしれません。多角経営から脱却すれば、本業の不調を取りつくろうことができなくなり、経営者と株主との間に健全な緊張感が生み出されます。投資先の企業が合理的な理由なくコングロマリットの解体を先送りにしている場合には、経営者が真剣に会社の将来を考えているのか、現状に甘んじているだけではないか、株主の利益を軽視しているのではないかと、投資家側は疑ってかかる場合が多いと思います。事実、**株式市場では、このような非効率的なコングロマリット形態の企業には「コングロマリット割引」といって、バリュエーションが割り引かれます。このため私たちのようなバリュー投資家にとって、日本市場は魅力的な投資候補を探す絶好の場所になっているのです。**

日本経済全体が順風満帆に見えていたころ、多角経営のこうしたデメリットを国内の人々が意識する機会はほとんどありませんでした。しかし風向きが一変し、どれほど優秀な人間が船頭の地位に就いたとしても、全く性格の違う複数の部門をアンバランスに配置した巨大な船が転覆しないよう、うまくバランス調整をしながら舵取りしていくことが至難のわざであると、次第に明らかになっていったのです。

多角経営の罠に陥った典型例として、日本の総合電機メーカーが挙げられます。「総合」というおおざっぱな括りの下で白物家電から半導体まで全く性格の違う部門を多数抱えているうちに、海外の新興勢力は先端部門に特化して大胆な先行投資を進めていきました。先端部門で日本勢の影が薄らいでいく一方で、お家芸だったはずの白物家電さえ、低コストが強みの韓国企業、中国企業にみるみるシェアを奪われ、最終的には彼らに事業を売却するというパターンが相次いだのです。

この話には、二つの側面があります。企業として競争力を最大化する経営方針という観点で言えば、たしかにコングロマリット形態は望ましいとは言えません。が、**中長期的に収益拡大を狙う投資家の立場からすれば、現在多角経営の罠に陥っている企業は逆説的に、大きな変化の可能性があるということでもあるのです。**投資先企業の経営陣が事業の選択と集中を断行して脱コングロマリットを実現できるのであれば、それは本業の稼ぐ力を高め、企業価値を向上させる巨大な余地が残っていることを意味しているからです。

こうした点を押さえておけば、日本の市場で成長余力のある企業を探し出すことはそれほど難しくありません。他の事業部門の中に埋もれてはいても世界的にもシェアが高く、利益率も会社平均より頭一つ抜けている「宝物」の部門を抱えている企業を見つけ出せばよいのです。

もちろん多角経営からの脱却は投資家の利益拡大につながるだけでなく、投資を受ける企業自身にとっても好ましい結果をもたらすはずです。事業の売却で得た資金を本業への投資に回したり、株主の利益となる施策を打ったりして企業の魅力を高めることができれば、さらに多くの資金をリスクマネーとして市場から調達することもできるでしょう。

適切なタイミングで事業構成の見直しを断行できる、優秀な人材が経営陣にそろっていることもまた重要です。ここで、カリスマ的なリーダーの主導の下で多角経営路線を見直し、事業構成を刷新したことで企業価値が向上した典型的なケースとして、日立製作所とレゾナックの例を見てみましょう。

ケーススタディ① 日立製作所とレゾナック

日立製作所は、経営難をきっかけとして事業構成を見直し、結果として倒産の危機から立て直しに成功した典型例です。外圧によって追い込まれたのではなく、経営層が主体的な判断によって路線変更を決断し、スピーディに実行することができたところも注目に値します。

日立は長年にわたり、ある部門が赤字を出しても他の部門で補うことで全体の利益水準をかろうじて維持する、リスク分散的なコングロマリット経営を続けてきました。

変革のきっかけとなったのは、2008年に起こったリーマンショックです。09年3月期にはバブル崩壊時を上回る7800億円超の赤字を計上。子会社だった日立マクセルの会長・川村隆氏がこの年に日立の会長兼社長に就任し、彼のリーダーシップの下で全社的な改革がスタートしました。

コングロマリットからの脱却は、簡単なことではありません。多角経営から路線転換しようとすると、社内外の多方面から反発が生じるものです。そこでグループ全体としての改革を迅速化するため、川村氏は意思決定者を自分自身と5人の副社長の計6人に限定。同年夏には上場子会社5社を完全子会社化して本体に収益を集中させた上で、赤字事業から躊躇なく撤退する方針を鮮明化させます。その後、社内を事業別に七つのカンパニーに分け、合計数十の事業体で業績管理を行う「カンパニー制」を導入。各事業体ごとのトップに決定権を委ねつつ、本体は統率役に徹するという効率重視の体制が整えられました。

09年9月時点で日立の自己資本比率は10・9％まで低下していましたが、経営陣が世界中の投資家と接触して交渉し、最終的には3400億円超の資金調達を実現。財務体質の改善によって選択と集中の推進力を維持し、11年3月期には最終黒字に回復しました。

日立は、他の巨大企業が当然着手すべきでありながら実践できなかったことを、次々に実行に移していきました。将来的に自社の中核となる部門を明確化し、ノンコア認定を受けたそれ以外の部門を容赦なく切り離し、売却で得た資金はコア部門に投資したり、本業のウィークポイントを洗い出して他社から買収したりしてきました。このカルチャーは現在の経営陣にも受け継がれ、グローバルな視野を持った競争力のある経営戦略に結び付いています。ディスプレイや金融といった分野の整理に続き、24年7月にはロングセラー「白くまくん」で知られる家庭用エアコン事業からの撤退を公表しました。リーマンショック後には一時300円を割っていた同社の株価は、24年後半に10倍近くに到達しており、しがらみにとらわれない改革姿勢に対する市場からの評価の高さが窺《うかが》えます。

日立の現在の取締役会は、世界的な視野でアドバイスを提供する外国人の経営経験者を含む有能なメンバーがそろっています。彼らの下で推し進められた「選択と集中」の根底にある判断基準は、今後、同社にとって中核となるデジタルプラットフォームをサポートするのに必要か否かという点でした。この考え方の下で、日立化成を売却し、その資金によって、デジタルプラットフォームに不可欠なソフトウェア関連企業を買収したのです。あわせて担当役員を社長に抜擢し、戦略的に会社の将来を賭けたのです。

レゾナック・ホールディングス（旧昭和電工）もまた、コングロマリットからの脱却によって市場から強い支持を集めることに成功した最たる例と言えます。現社長の髙橋秀仁氏はGEなどでの勤務経験を経て、15年に当時の昭和電工に転職し、22年にトップに抜擢された人物です。

髙橋氏の描く戦略は明確です。利益率が高く、潜在的成長性も大きい半導体材料で世界シェア約6割を押さえている強みを武器に、この分野に特化した専業企業として高い利益率を捻出し、売り上げを伸ばして企業価値を引き上げようというのです。この部門をさらに強化するために、日立化成を買収するという決断は、当時の日本の経営者たちの常識を打ち破る大胆さで目を引きました。

半導体にリソースを集中させるということは、それ以外の部門をサイズダウンしていくということでもあります。実際に髙橋氏は就任後、旧昭和電工時代には主力事業の位置づけだった石油化学分野のスピンオフ（切り出し）の実施を決定。制度改正で新設されたばかりのパーシャルスピンオフ税制を活用し、24年8月に石油化学部門を分社化。その後も髙橋氏のリーダーシップの下、同社は事業構成の見直しをスピーディに進めています。24年9月には、再生医療事業からの撤退を発表。子会社であるミナリス・リジェネレーティブ・メディスンなどの株式をアメリカのファンドに売却。また、新たな本業として位置づけている半導体分野においても、その内側でポートフォリオの最適化を模索しています。同年11月には「業界が市場の成熟期にある」などといった理由から表面保護用フィルム事業を売却しています。

同社の株価は髙橋氏が就任した21年初頭には2500円前後でしたが、23年後半から上昇基調が顕著になり、24年12月にはコロナ禍前以来の4000円台をつけています。日本の横並び的な古い業界慣習を打ち破ろうとする、髙橋氏のような行動力のある経営者は、残念ながら国内ではまだ稀有な存在です。同業他社の人々から彼に対する批判的な評判を耳にするにつけても、日本的な「ぬるま湯」にどっぷり浸かっている経営者からの風当たりは、相当強いのではないかと思われます。彼に触発され、風当たりに強く、固い信念と戦略を守り続けることができる、骨のある経営者が増えていくことを期待したいところです。

改革の兆候を見極める経営陣

コングロマリット形態の企業は各国に存在しますが、日本の場合は特に、多角経営から脱却するスピードが他の先進国市場に比べて見劣りするようです。その背景には、日本企業に特有のクローニー資本主義的な体質があると考えられます。

クローニー資本主義とは「お仲間資本主義」とも訳されるように、閉鎖的なコネクションや家族関係を軸として構築された経済体制を意味します。本来は国家レベルの内向き志向というニュアンスがありましたが、企業においても「身内のり」が非合理的な経営戦略を招いているような状況を、クローニー資本主義的と評することがあります。実際のところクローニー資本主義的な経営体制は、創業期から一定期間に限って言えば、ある種の統率力によって企業を大きく成長させることがありますが、長期的に市場の評価を安定させ、企業を持続的に成長させる上では大きな足枷となります。

理屈では、コングロマリット形態の企業は同じ本業分野でしのぎを削る他社を打ち負かす競争力を維持することが難しいため、自然と淘汰されていくはずです。株価の調整局面や金融システムに対する危機感の高まりなど外的な要因が加われば、優勝劣敗のメカニズムはさらに加速すると考えられます。にもかかわらず日本国内においては、いくつもの危機を通過した現在もなお、多角経営企業の解体が道半ばにとどまっています。果敢に事業構成を見直す例は全体の一部であり、取り組みの進捗はグループごとにまちまちです。

企業価値の向上のために大胆な事業ポートフォリオの組み換えに踏み出すことができる企業であるかどうかを見定める上では、経営陣の刷新、新製品の開発、外的環境の変化といった要素に着目することが有益と考えられます。

経営陣の刷新については、一概にどのような性質の人物が「化ける」のか断じることは難しいところがありますが、先ほど紹介したレゾナックの髙橋氏のように、しがらみの少ない外部から優秀な人材がやって来る場合もあります。一方、日立の場合は会社が倒産の危機に直面して、大きな改革の必要性が明らかになっていきました。このような場合は、失敗の原因を生んだもともとの主流派閥ではなく、関係性の薄いグループから新しい経営者がやって来る場合が多いのです。ケーススタディで紹介した通り、改革を主導した川村氏は一度本社の副社長を務めたあとで子会社の役員に転じ、そのあとでトップに抜擢されたという経歴を持っています。このように一度「あがり」となり、ある程度自由に振る舞えるようになった優秀な人材を呼び戻すことで、改革が一気に進むパターンもあるのです。

また、社長の腕前だけでなく、ともに行動するチームの質も重要です。特に有能な最高財務責任者（CFO）は、社内業務に精通する最高執行責任者（COO）とともに、事業の大幅な変革を実行する上で不可欠な存在と言えます。日本の場合、残念ながらCFOは決算数字だけを担当する経理部長のような色彩が強く、金融戦略については不慣れなケースが多々あります。コア部門以外からの撤退に踏み出す際、どのような処分の方法を選択するかは、本来、金融に関する高度な知識が必要です。

事業ポートフォリオの見直しとコア事業の設定

たとえ十分な判断力と行動力を兼ね備えた顔ぶれが経営陣にそろっているとしても、本業で稼ぐ力が不十分であれば、多角経営から抜け出すことは難しくなるでしょう。再生プランの最も重要なポイントは、何が中核部門であるかを明確化することにあります。理想を言えば、市場シェアが業界で1~2位で、利益率も高い競争力のあるコアビジネスがあるかどうかです。この良い例が、オリンパスにとっての医療用内視鏡、レゾナックの半導体材料なのです。

重荷になっている既存ビジネス分野の切り離しに時間がかかりすぎることも、日本企業の大きな課題と言えます。日本ではよく、切り離す企業を、いずれ100%所有する予定の会社と「50対50」で合弁会社を作るという方法が取られます。しかし、50対50では、経営方針をめぐって意見が合わなかった場合、何も決定できないという最悪の状態に陥る可能性があります。その意味で、2017年の税制改正で解禁された、株主への無税でのスピンオフは検討に値します。会社側は現金が全く入ってこないので、100%株主の利益のための撤退となるからです。残念ながら、これまで一社しかこの制度を利用していません。アメリカの市場ではスピンオフが頻繁に行われ、企業価値の向上に貢献しています。また、言うまでもなく、変革再生計画を投資家に対して説明していくことも大切です。

経営者には、着実にできる業績回復のシナリオを描くことが求められます。ここでアメリカの会社がよく使う手法は、回復を確実なものにするために、変革の1年目に、さまざまな問題を全て明らかにして、費用を計上して「膿」を表に出すことで素地を作るということです。キッチンシンクとも言われ、台所の三角コーナーにゴミを捨てることに例えられます。これは、新社長が就任後、一度だけ許してもらえるチャンスです。アメリカでは投資家側も経営者側もキッチンシンクの重要性についてお互いよく理解しているので、双方が近視眼的な振る舞いに出ることはほとんどありません。過去に実施した投資の損失確定などで最終利益がマイナスに振れたとしても、投資家から見ると「これ以上悪い材料は出てこない」と、むしろポジティブな判断材料として受け止められます。経営者側も、到達不可能な高すぎる目標値で人目を引こうとはせず、悪材料を出し尽くしたあとで、なおかつ確実に実現できる範囲を冷静に見極め、入念に精査した目標値を自らの責任として対外的に公表するのです。

その後は、投資家の予想している業績の数字を毎期、どのようにコントロールし、いかに予想数字を上回る実績を実現するかが重要になります。

このポイントは日本企業にも当てはまります。

よく日本企業の経営者が投資家向けの業績説明会などで努力目標のようなものを安易に口にするケースを、これまでたびたび目にしてきました。

そのあとで何が起きるかは、だいたい想像がつきます。たいていの場合、時間の経過の中で目標を打ち出したこと自体がうやむやになっていき、よく調べてみると実績が目標値を下回っているという始末ですが、当の経営者たち自身は外的な要因のせいにしがちで、経営者としての責任を感じていないようです。

おそらく日本のこういう経営者は、部下に発破をかけるための努力目標と、投資家の投資判断の材料となることを前提に対外開示する公式目標との区別ができていないのでしょう。アメリカの上場企業では、どんなことがあっても公的に約束した業績の数字を達成するのが前提であり、日本と同じことをすれば、経営者のクビが飛ぶ大変な失態です。

そもそも日本のコングロマリット企業では、責任の所在が明確化されていないために、たとえグループ全体の業績が悪化しても、赤字の末に倒産するといったよほど極端な事態にならない限り経営者が経営責任を感じにくい風潮があるようです。中世に建設された巨大な聖堂が複雑に組み合わされた無数の梁と柱によって自重を分散するように、**企業経営の結果責任を関連企業など広範囲で分担し合いうやむやにしてきたことが、海外投資家による日本企業の敬遠につながってきたと言えるでしょう。**また、日本では社長の権限に制約があるだけでなく、経営の実態を社長がほとんど把握しておらず、部長の方がずっとよく知っているといったケースさえ珍しくありません。アメリカでは逆に、社長が全ての責任者なので、社長が一番詳しいのですが、これは国ごとの慣習の違いにかかわらず、当然のことと言えるでしょう。

会社が取り組んでいる改革とその成果を、そのつど、正確に市場に伝えることは、企業価値を守る上で大変重要です。その意味で、危機管理に関するノウハウを持ったPR、IRの専門家も、企業の安定的、持続的な成長を維持する上で不可欠な存在と言えます。さまざまな部署を短期間で異動させてジェネラリストを養成する日本の人事システムは、こうしたスペシャリストを育成できないという問題点もあるのです。

日本の企業が「選択と集中」の戦略を実行に移せない背景には、終身雇用制度の問題もあります。戦後、GHQの民主化政策の中で労働者の権利が強まり、共産主義の波を抑えるためにも、安定した労働市場を形成する必要が高まったことが、長期雇用制度の定着の背景にあります。バブル終焉にともない日本経済が停滞期に移行すると、高度経済成長期を支えたこの制度が、かえって変革の妨げになってしまいました。

日本式ビジネスの課題

株価は経営者の通信簿であると同時に、会社が持つ「貨幣」でもあります。アメリカの優秀な経営者たちは、常に自分の会社の株価を意識しており、市場参加者から支持を得るためにどのような振る舞いをすればよいか、よく理解しています。

まず重要なのは、株主の信頼を得ることです。**経営者とは本来、市場の信頼を得るために、絶対に実現可能だと確信していることしか対外的に約束をしてはいけないものです。**だからこそ新しい経営者を迎えたあと、先ほど触れたキッチンシンクの期間中の膿出しを断行するのです。能力のある経営者は新たにトップに就任すると、継続する経済合理性が認められない既存ビジネスの切り離しを含めたポートフォリオの膿出しを推進し、結果的に、就任直後の決算の数値が一時的に悪化しているように見えてしまうことがあるのです。

日本では新社長の就任後、即時に経営が改善したかのように決算の数値を取り繕わなければいけないという、思い込みに基づく心理的プレッシャーが働くようです。今後、日本市場で海外投資家の存在感がいっそう高まり、ハッタリ的な目標設定が企業価値に結び付かないことを経営者たちが学んでいけば、日本でもキッチンシンクの考え方が広がっていくと期待されます。

政策保有株によって自分たちの身分が保障されてきたこともあり、これまで日本の経営者たちは数値目標の達成にあからさまに無関心な態度を取ってきました。変化の兆しが見られるとはいえ、今でも日本の一部企業経営者の間には、株価や財務の数値を軽視する風潮が残っていると感じます。

よく経営者たちは足元の株価下落について「長期的な成長のため」「生みの苦しみの時期」などと釈明します。キッチンシンクの時期は例外として、こうした後付けの説明はたいていの場合、空虚な言い訳であることが多いようです。**株主の利益とは結局のところ株価の上昇とほぼ同義です。あまりに近視眼的で瞬間風速的な収益拡大は問題ですが、業績の拡大なしに企業価値の向上はありえません。**

株価とは企業の、そして経営者自身の成績表のようなものです。本書で何度か触れているセブン＆アイ・ホールディングスに対するＴＯＢ計画をめぐる騒動は、株価が下がれば海外勢などの買収の標的になるという現実を日本企業に突きつけました。経営者たちは、たかが成績表とこれまで高を括ってきたのかもしれませんが、成績が悪ければ自らが「退学処分」になるかもしれないということを、意識するきっかけになったのではないでしょうか。

企業の財務状況については、余裕があるから問題がない、ストレス耐性があるからよいといった単純な話ではありません。キャッシュを大量に保有しているのは自慢できることではなく、そのキャッシュを利用して、企業価値の向上につながるような取り組みを何一つ実施してこなかったことを示す不名誉な証しに過ぎないのです。合理的な理由なく現金を企業内部に滞留させたままにしていると、買収後の成長を支援することに興味を持たれず、単にキャッシュそのものの横取りを狙うファンドに目をつけられる事態に陥らないとも限りません。

買収から身を守るための手段の一つである自社株買いは、安易な対症療法などと批判されることもありますが、他に魅力的な投資のアイディアが見当たらない状況であれば、短期間で確実に企業価値を向上して株主に還元するための直接的かつ有効な手段として評価できます。

東証による市場改革要請でPBR1倍割れ企業への風当たりが強まったこともあり、2024年の上場企業の自社株買いは約17兆円と、前年の170％近くに拡大し3年連続で過去最高を更新しています。同年中はトヨタ自動車の1兆2000億円を筆頭に、リクルートホールディングスの6000億円、三菱商事の5000億円（いずれも取得枠ベース）と、それぞれ過去最大規模の自社株買いに踏み切っています。

ノンコアビジネスの収益変動などの言い訳に逃げることなく、本業を中心とした企業全体の舵取りに専念し安定的に業績を伸ばして、配当を増額したり自社株買いを実行したりする行動力が、経営陣には求められています。自分たちが担っている本来の役割から目を背け、「長期的な成長の過程」などと絵にかいた餅のストーリーを取り繕っていれば、あっという間に海の向こうから買収の手が伸びてくることでしょう。

しがらみにとらわれず真実を追求する姿勢

投資家として、時には社外取締役として、私は数えきれないほどの企業を分析してきましたが、終身雇用制の枠組みの中で人間関係の「和」を優先するこの国の企業風土の特性を、たびたび目の当たりにしてきました。大学や、場合によっては高校までさかのぼる学閥の仲間意識も、意外なほど強く残っているのです。

たとえば私は株主でもありアナリストでもある立場から、経営陣に疑問をぶつけ、真実を明らかにするという使命を負っています。投資先のトップに対して尋ねるべきこと、尋ねてみたいことは、いつも山ほどあります。企業価値を向上するために、どのような戦略を描いているのか。その戦略はどのような合理的根拠に基づいているのか、そしてそれが実現可能であると自信を持って言い切れる理由は何なのか。株主利益を最大化する上で課題はどこにあるのか。足元の実績値が悪化しているとすれば、それはキッチンシンクのように膿を出し切って改革を進める準備作業の一過程に過ぎないのか、さもなくば戦略自体に誤算があるのではないか。誤算があるとすれば、戦略の転換が必要なのではないか――等々。

ところがいざ経営者と面会し、一番訊いてみたいことを訊いてみると、彼らは一様に浮かない表情を見せます。どうやら彼らは、アナリストとしての私の質問を、パーソナルなレベルでの攻撃と勘違いしているようなのです。彼らが露骨に論点をそらそうとするとき、私は核心部分から経営者を逃がさないようにしますが、そうすると経営者たちの顔はいっそう曇っていきます。「どうしてそんなに厳しい質問ばかりするのか」と言いたげに。

たしかに経営者側からすれば、こうした問いの中には、できれば訊かれたくないことも含まれているのかもしれません。彼らも人間ですから、失敗を認めるような回答をすることを躊躇したくなるのかもしれません。しかし経営者と投資家の関係は、ボクシングの試合で攻撃と防御の技を競い合うような敵どうしでは決してありません。株主側のアナリスト（バイサイド）の役割は情報収集を通じて、投資先企業が公表している戦略が合理的かどうか、その進捗状況が妥当かを見極め、問題があれば改善を要求することであり、結果的には両者の建設的な対話が企業側の成長にもつながるはずです。そのためには、経営者が普段接している身内や取り巻きの人間たちが避けている話題に、時にあえて踏み込むことも避けては通れません。私が関心を抱いているのはあくまで「真実かどうか」という点のみであり、目の前にいる経営者を私自身が個人的に好んでいるか、あるいは嫌っているかなどということは全く問題にならないのです。

一事が万事、アナリストと経営者の関係に限らず、日本企業の組織体系の中では、クローズドな人間関係と、仕事上の役割とを履き違えている風潮が蔓延しているように思えます。日本特有の義理人情の価値を否定するつもりはありませんが、共同体の内部でしか因果関係を認め合うことができないような不明確なロジックに従いながら、しかもその妥当性を対外的に説明する努力を怠っている以上、幅広い市場参加者から戦略の実現可能性を信頼してもらい、資金的なサポートを受け続けることはやはり難しいのではないでしょうか。

社外取締役の機能強化を

日本の企業風土の問題点についてここまで縷々《るる》書き連ねてきましたが、ここで皆さんはこんな疑問を抱かれているかもしれません。「コングロマリット形態を取っている企業が多角経営の罠から自力で脱却することは不可能なのか」――結局のところ旧態依然としたレジームを打破して改革を進めるためには、外部から優秀な経営のプロが救世主のようにやって来るのを待つしかないのか、と。

先に触れた日立の川村氏のように、生え抜きの人材が抜本的な改革を主導する例がないわけではありません。一方で、全てのプロパーの経営者に、必ずしも果敢に舵を切る判断力と行動力が備わっているわけではないこともまた事実です。私のように金融機関のアナリストという立場であれば経営者と直接膝詰めで話し合う機会もありますが、多くの投資家にとって経営者の素質を直接実地で確かめるチャンスは限られています。投資先の企業で改革が着実に進められるかどうか、経営者にそのための能力が備わっているかを判断するには相当の情報量が必要であり、データの総量が不足していれば、企業選定は単なるギャンブルのような様相を呈してしまいます。それは株式市場の健全な発展とは相容れないものです。

そこで、仮に経営者にカリスマ性が乏しい場合であっても取締役会が企業価値向上を優先した経営判断を進めるように促す仕組み作りが、官民で進められてきました。前章でも触れたコーポレートガバナンス・コードは、その仕組み作りの一環として整備された側面があります。

コーポレートガバナンス・コードにおいては、独立社外取締役の果たすべき役割・責務について「会社の持続的な成長と中長期的な企業価値の向上に寄与する」ことであると規定しています。その上で、プライム市場上場会社は、資質を十分に備えた独立社外取締役を、少なくとも3分の1（その他の市場の上場会社では2人）以上選任すべきであり、加えてプライム市場上場会社は、指名委員会・報酬委員会を設置する場合、各委員会の構成員の過半数を独立社外取締役にすることを基本にするとしています。

少なくとも表面的な数値の上では、コーポレートガバナンス・コードを通じた働きかけは一定の効果を実現しているように見えます。たとえば2人以上の独立社外取締役を選任する上場企業の比率を見ると、2014年には旧1部市場の21・5％にとどまっていましたが、24年には現プライム市場の99・7％となっています。ほぼ全ての大企業において、形式上は、企業価値向上を真摯に追求するための組織体制が整備されているという建前になっているのです。もちろん、社外取締役が多ければよいというわけでもありません。独立した社外取締役が過半数を占めていないと、結局は数の論理で敗北してしまうのです。ただ、経営陣の不祥事を含む緊急事態の際には、経営側抜きで社外取締役だけでさまざまな決定をする必要があり、そういう局面でこそ独立社外取締役の真の力が試されます。先に触れたセブン&アイ・ホールディングスに対する買収提案への特別委員会の対応が、まさにその例として挙げられるでしょう。

また、身内のしがらみを乗り越え、執行部門が中長期的な成長のために合理的で果断な判断を下すサポートをする上で上場各社の社外取締役が本当に役に立っているのかは、疑問が残ります。

社外取締役の顔ぶれを見ると、往々にして彼らは関係会社や取引先、銀行の出身というケースが多いようです。業界のことをよく分かっている人物を適材適所であてがっている、といったもっともらしい説明を付け加えたところで、コーポレートガバナンス・コードの要請に合わせて頭数を合わせるために、無難な人選で切り抜けようとしているかのような印象は拭い切れません。

株主のために企業価値を高めるという、社外取締役の本来の役割を全うするためには、しがらみにとらわれずビジネスや財務の状況を客観的かつ冷静に分析する能力のある人材が選任され、その能力を発揮できる環境を確保することが大前提となります。もちろん関連会社、取引先、銀行といった広義の「身内」から抜擢された人材は、会社のために尽くすという彼らなりの誠意を示そうとするかもしれません。しかし彼らにとっての「会社のため」とは結局のところ「経営陣のため」と同義です。そもそも経営陣の利益と株主の利益の区別を彼らが理解しているかどうかさえ、心もとないところがあるくらいです。

さらに、経営陣のメンバーの選び方にも問題があります。指名委員会等設置会社制（4・2％）をとっている会社は指名委員長は往々にして社外取締役から選ばれるため、まだ独立性があると言えます。一方、日本の上場会社の大部分は、監査役会設置会社（全体の53・7％）および監査等委員会設置会社（42・1％）の形式であるため、取締役を指名できるのは、基本的には経営陣なのです。

経営陣の判断に対して頻繁に疑問を投げかける取締役は、それがどれほど建設的な意見であったとしても、経営陣の側から見れば、目の上のたんこぶ的な存在でしょうから、反対に、何でも賛成してハンコを押してくれる取締役の方を選ぶ傾向が強まってしまうのです。社外取締役も、次の年にクビにならないよう保身に走り、自分の意に反して経営陣に賛同してしまうといったことがあっても、おかしくはないでしょう。

私自身も社外取締役の経験者として、現在のシステムのさまざまな限界を目にしてきました。各企業がクローニー資本主義の足枷を振り払い、事業構成の見直しを果断に進めるためには、社外取締役の機能を強化するための、より実効的な施策の新設に向け、真摯な改善案の検討が進められてもよいのではないでしょうか。

撤退基準の明確化

クローニー資本主義的な企業体質のもう一つの問題点として、議論のブラックボックス化が挙げられます。身内主義が根強く残る企業では、事業部門間の調整が主に密室で進められるため、仮にコングロマリット解体の機運が高まったとしても、投資家からは議論のプロセスは窺《うかが》い知ることができません。せっかくノンコア部門の切り離しを含め経営効率化に向けた一歩を踏み出したとしても、その時点で着地点があまりにも見通しにくければ、投資家にとってはかえって不安材料ともみなされかねません。

もちろん経営陣として、企業の在り方を根本から見直す改革の前に、情報発信に慎重になってしまうことは理解できます。そこで、透明性を維持しつつ社内調整を円滑に進めるための有効な手段として、あらかじめ事業から撤退する判断の基準を社内向けのみならず、対外的にも明示しておくというやり方があります。ＥＸＩＴ基準を明確化しておけば、特定部門を切り離す判断を下す際、投資家への説明責任を果たしやすくなるだけでなく、経営責任者の属人的な恣意性に基づいた判断という印象を和らげ、該当する部門の責任者やそこに所属する関係者を説得する際にも役立つことでしょう。

たとえば伊藤忠商事は以下のようなＥＸＩＴ基準を対外公表しています。

①３期累計赤字
②リターンの投資時計画比下方乖離
③付加価値の３期累計赤字

同社ではこのうちどれか一つでも抵触した場合には、主管部署で事業を継続すべきか、ＥＸＩＴ（撤退）すべきかを判断するとしています。

三つの基準のうち最後の項目にある付加価値は、「連結貢献－(連結投資簿価×株主資本コスト)」という計算式で表されます。たとえ黒字であっても投資簿価、資本コストとの見合いで付加価値がマイナスであればEXIT検討の対象となりうるというわけです。また、仮に事業継続を選んだ場合にも、連結リターンの改善、連結投資簿価の上昇抑制などの課題をクリアする必要があります。

抵触すれば必ず撤退だというわけではなく、あくまでも事業継続の是非について検討を始めるためのラインとして基準を設定しているのも面白いところです。基準を対外開示することは後々の経営判断にとって大きな制約にもなりますが、形式上の明確なルールを示しつつ、最終判断の余地を残すことで厳格さと柔軟さの絶妙なバランスを取るという、非常にうまい手を使っているといえるでしょう。

同社内では、過去の失敗の二の轍《てつ》を踏むことのないよう投資失敗事例の教訓を共有する独自研修も実施しています。こうした取り組みの結果、黒字会社比率は2010年度に78・1%でしたが、23年度には92%に向上。黒字会社損益も拡大基調となっています。

グローバルな競争力を取り戻すために

テクノロジーの分野はイノベーションのサイクルが速く、一度あるビジネスモデルで圧倒的優位に立つことができたとしても、次の時代の覇権を保てるとは限りません。マイクロソフトなどアメリカの巨大IT企業が数十年単位で存在感を維持し、領域拡大を続けてきている理由は、稼いだ利益を次世代のコアビジネスに投資してきたからです。マイクロソフトは早期からクラウド事業に注力し、コンサルティングを含めた幅広いサービスとのシナジーを強化して収益の拡大に成功しました。足元ではAI分野にも巨額投資を実施して次の成長の種を蒔《ま》いています。

残念ながら日本のソフトウェア関連の企業群を見渡しても、グローバル標準になるようなソフトを開発して成果を上げている会社は一つとして見当たりません。GAFAのように高マージンビジネスモデルを確立して世界を制覇する国内企業はなく次世代の主戦場とされるAI分野でも逆転劇の明確な兆しは見られません。

しかし日本は、最初からイノベーション創出が苦手だったわけではありません。むしろ一昔前までは、国際的な規制環境の変化を読み取り、まだ開拓しきれていない市場のニーズを発掘して、新たな商品を世に送り出すことを得意とする企業が存在していたのです。

1970年代の日本の自動車産業は、まさにそうした才気と活力に溢れていました。71年にアメリカでは、排出ガスに含まれる主要な汚染物質の量を10分の1に抑えるよう義務付けるマスキー法が制定されました。各国の自動車メーカーは押し並べて、一度排出してしまったガスを特殊な触媒を用いて浄化する技術の開発・普及に専念しようとしていました。

そんな中で日本のホンダは、触媒に頼るのではなく、エンジン自体の改良によって汚染物質の排出を抑えるCVCC方式を開発。1973年にシビックCVCCを発売し、日本のみならずアメリカ市場でも好評を博しました。

話題がずいぶん多方面にわたりましたが、ここで本章の内容を簡単に整理しましょう。

まず、世界のコングロマリット企業がなぜ解体していくのか、そしてなぜその動きの中で、日本企業が取り残されているのかを見てきました。**多角経営（コングロマリット）は経営陣にとって本業の競争力を維持するインセンティブを阻害するため、本来は自然に淘汰されて**

いくはずですが、終身雇用の維持が自己目的化している日本企業においては特定部門の売却が難しく、売り上げ規模が利益規模や利益率より優先されるため、淘汰のスピードに遅れが見られました。

多角経営からの脱却を主導し、企業価値を向上する能力のある経営者に共通する性質として、売上至上主義に陥ることなく、また安易な目標設定の対外公表も控え、「小さな約束を守る」といった姿勢が挙げられます。とはいえ、経営者の属人的な能力に依存しない仕組み作りもまた大切です。安倍政権下でコーポレートガバナンス改革が始まってから10年あまりにわたり、社外取締役の導入や強化といった取り組みは順調に拡大してきましたが、形骸化に陥ることなくその機能を十全に発揮するためには、ルール整備を含めたより抜本的な働きかけが必要になるかもしれません。

こうした論点について考えをめぐらすことについて私は、投資先選びの判断力を鍛えたい個人投資家や、これから投資を始めようとしている潜在的投資家にとって有益だと信じていますし、またそのように意識して多少プラグマティックな観点で書いてきました。しかしここでいったん、投資家という視点を離れ、どこに本質的な問題があるのかを俯瞰的に考えてみたいと思います。

日本で働き、暮らしていく生活者として、安定した生活を続けるためには、前提として経済全体の活力が回復・維持される必要があります。そのためには低迷気味の生産性と労働分配率を企業が引き上げ、賃金を上げなければいけません。

企業の成長をリードしていく優秀な人材が各企業の経営層にそろっていれば心配はいらないはずですが、残念ながら、そもそも経営センスを持った人材自体が日本国内には不足しているように見受けられます。結局のところ、この議論は企業や学校における教育制度の問題に行き着くのではないかと思います。

経営センスは一朝一夕で身につくものではなく、若いうちからチャレンジする機会を与えられ、試行錯誤を繰り返すことで少しずつ磨き上げられていくものです。しかし、出る杭が打たれる年功序列型の日本組織の中では、下剋上のように既存レジームを打破してのし上がろうとすると、たいてい不合理な反発が巻き起こり、最終的には「賊軍」として出世コースから排除されてしまいます。仮に能力のある人材が、今すぐにでも経営を任せられる自信を持っていたとしても、結局は能ある鷹のように、あえて自身の立場を危険にさらすような行動は控え、十年単位の長い年月をかけ、年功序列の階段を地道に上っていくことを選択してしまうのです。

日本の働き手のこうした消極的な振る舞いについて、よく古代史や中世・近世史までさかのぼり農耕民族的な習慣の名残などと言われることがありますが、私はむしろ、この国が戦後、製造業によって成長し、一定の経済繁栄を実現してきた近現代史との間に、より強い関係があるのではないかとにらんでいます。製造業の世界では、上の指示に従順に従う、勤勉な労働者が求められます。鶏と卵のようなところがありますが、「和」を大切にする日本人の国民性は、もともと製造業に向いていたとも言えるでしょう。均質的な普及が可能なプロセスを構築し、全体の統率を維持することを優先してきたことによって、この国の製造業が一定期間、経済成長を実現してきたことは事実です。しかし、製造業以外の分野では、テクノロジーの進展とともに消費者のニーズが激しく変容していく中で、硬直した環境によって競争力を維持することは難しいでしょう。また、製造業についても、ＥＶや自動運転車の普及など変化が加速する中、旧態依然とした考え方で他国の主要メーカーとの激しい競争を勝ち抜けるかは大いに疑問です。

日本国内で自らの責任でリスクを取り、経営できる人材を増やすためには、失敗を恐れず新しいことにチャレンジすること自体が素晴らしいという価値観を尊重する文化を醸成する必要があるでしょう。そのためには、義務教育を含めた学校の教育制度そのものを見直す必要があるかもしれません。すでに文部科学省は何年も前から、個性や得意分野を伸ばすための施策を打っていますが、経済の仕組みや企業活動に関するプラグマティックなレベルの教育については今でも手薄であるように感じます。日本市場全体の持続的な成長期待を高めるためには、有能な経営者を育て上げるエコシステムの整備という論点についても、官民で目線を合わせ、本腰を入れて考えていく必要があるのではないでしょうか。

第4章

「ドル一強」終焉を見据えた日本株の分析法

前章では、海外投資家が日本企業を分析する際に、どのような点に着目して投資先を選定しているかについて説明してきました。その上で本章では、私自身が長年にわたるバリュー投資家としての経験を踏まえて磨き上げてきた投資戦略について、特に創業者兼経営者のいる企業に着目する考え方について解説します。ご自身の判断と責任の下、実際に投資をする際の参考にしていただければ幸いです。

具体的な方法論の話に入る前にまず、ドル基軸通貨体制の終焉という観点から、混沌を極めつつある今の世界情勢について、ここで改めて簡単に整理しておくことにしましょう。

第二次世界大戦以降、ブレトンウッズ体制、ニクソンショック以降の為替変動制導入という変遷の中で、半世紀以上にわたり続いてきた「ドル一強」の通貨秩序。それが決して永遠ではなく、揺さぶられた末に、いつか崩れ去るときが訪れるかもしれない――多くの人々がそう意識する一つのきっかけを作ったのは、2019年にフェイスブック（現メタ）が打ち出した、独自のデジタル通貨「リブラ」の構想でした。低所得層や新興国の住民など銀行口座を持たない人々に幅広く決済手段を提供する金融包摂という大義を掲げ、翌20年の運用開始を目指していました。

リブラは当初、ブロックチェーン技術を活用しつつ、実質資産との連動によって価値を安定化させることで通常の暗号資産と差別化を図るステーブルコインの一種として計画されていました。ただ、デジタル通貨が普及すれば各国の中央銀行が通貨を制御できなくなるとの懸念から多方面で反発が生じ、20年12月にフェイスブックはリブラ構想を事実上撤回し、「ディエム」に名称を変更。フェイスブックはあくまでディエムを運営する非営利団体の参加企業の一つに過ぎないというところまで、構想は後退を余儀なくされました。

その後、民間団体による新たなステーブルコインの立ち上げが相次ぐ中で、構想は次第に過去のものとして忘れられていきます。しかしこの構想がもたらした一連の騒動は、テクノロジーの進展を含めた時代の変化の中で、ドル基軸通貨体制と各国中央銀行が制定する金融政策という枠組みの前提が崩壊するとどのような事態がやって来るのか、市場関係者たちに頭の体操の機会を与えたと言えるでしょう。その後、ドル基軸通貨体制の崩壊というシナリオを単なる頭の体操などではなく、よりリアルな可能性として人々が意識する契機となったのが、新型コロナウイルスの感染拡大とロシアによるウクライナへの軍事侵攻でした。

20年前半に本格化したコロナ禍は、既存のサプライチェーンに大きな打撃を与えました。中国や米国から日本への自動車部品が一時寸断され、EUから世界への医療関連物資も供給がストップ。物流面でも、中国の都市封鎖による陸上輸送の遅延、中国発コンテナ船の減便、EUにおける国境通過に要する時間が増大するなど影響が拡大していきました。EUは移民の停滞により労働力不足に陥り、米国でも入国に伴う隔離措置が技術者移動の妨げに。

こうした事象には今となっては一種の昔話のような響きさえ感じられるかもしれませんが、コロナ禍の混乱はその後、各国各地、各産業がサプライチェーンの在り方そのものを見直す契機となり、今に続く議論の土台を形成することになったのです。

経済産業省の「通商白書2020」は、当時の政府の問題意識を端的にこう記しています。

《従来からのサプライチェーンの課題を再認識して克服する機会に》

新型コロナウイルスの感染拡大を機に顕在化した生産体制、物流、人の移動の寸断はサプライチェーンに大きな影響を与えることとなった。生産拠点が集中している部材・部品が供給停止となること、物流網が遮断されること、人の移動が停滞すること、これら三つのいずれか一つを契機としてサプライチェーン全体の停止に繋がるということが明らかとなった。一方、これらはいずれも従来から認識されていた課題の延長線上にあるものでもある。

中国の人件費が上昇し、米中摩擦が進展する中で日本企業は東南アジアなどへ生産拠点の多様化、分散化を進めていたものの、新型コロナウイルスの感染拡大においてサプライチェーンの寸断が見られることとなった。また、日本企業においては、2017年以降のトラック配送の値上げとドライバー不足への対応、2018年秋の非常に強い台風に伴う関西国際空港の一時閉鎖に伴う代替空輸の経験など、物流網の多様化・分散化の必要性に直面する機会は存在していたが、新型コロナウイルスの感染拡大に直面する中で、物流の遅延や寸断は広範に及び、多くの企業に影響した。そして、移動制限は生産活動や物流に大きく影響した。

このように、新型コロナウイルスの感染拡大は従来からの課題を再認識する機会となったものの、それと同時に課題を克服する機会にもなる。（経済産業省、通商白書2020）

22年に始まったウクライナ危機は、西側の民主主義国家と権威主義国家の分断を加速させました。

日本は侵攻直後から、ロシアを批難する立場を鮮明化させています。2月24日のロシアによるウクライナへの軍事行動開始を受けて、外務大臣はその日に駐日ロシア大使に撤収を要求。翌25日には、ロシア関係者の資産凍結、ロシアの金融機関（バンク・ロシア、プロムスヴャジバンク、ロシア対外経済銀行）に対する資産凍結、ロシアの軍事関連団体に対する輸出などに関する制裁を発表しました。その後、プーチン大統領らロシア政府関係者に対する資産凍結、ロシア最大手ズベルバンクを含む銀行などに対する資産凍結措置や、ロシア中央銀行との取引制限、デジタル資産を用いたロシアによる制裁逃れの対策、新規投資の禁止、経営コンサルティングを含むロシア向けサービス提供の禁止などを実施しています。また関税暫定措置法を改正し、ロシアからの金などの輸入禁止を実施するなど貿易上の措置も講じました。

ウクライナ危機は、コロナ禍で組み換えが進んだサプライチェーンだけでなく、通貨どうしの力関係にも変化をもたらすことになりました。それを象徴する歴史的な出来事が、ＳＷＩＦＴからのロシアの締め出しとジョー・バイデン大統領（当時）によるロシア政府のドル資産の凍結、およびその後の没収です。

ＳＷＩＦＴとは、ドルをベースにした国際決済ネットワークであり、世界の銀行が国境をまたいでお金の円滑なやりとりをする上で必要不可欠のインフラとなっています。ＳＷＩＦＴから特定の国を排除することは、その国の経済体制を揺るがす事態につながりかねず、よく「金融の核兵器」とたとえられます。

２０２２年のウクライナ侵攻を受けた制裁としてロシアの銀行は実際にＳＷＩＦＴから除外されました。しかし、これによってロシアが経済的に即座に壊滅したわけではありません。むしろこの経済制裁はロシアに、ドル依存からの脱却へと舵を切る選択を迫ることになりました。ロシア中央銀行の外貨準備に占めるドルの構成比率を引き下げるなど、ドルありきの国際秩序から距離を取りながら、ロシアは自国経済を維持する新たな方策を模索し始めました。アメリカから見れば、ドル一強体制を維持するために選択したＳＷＩＦＴ排除とロシア所有のドル資産の凍結・没収が、ドル離れを加速させ、かえって裏目に出る結果をもたらしたのです。

経済制裁の抜け穴を模索し、それを拡張しようとするロシアの動向に加えて、ドル基軸通貨体制を揺るがし始めているのが、中国の動きです。特に、中国がSWIFTとは別に人民元ベースで構築した独自の国際決済システムであるCIPSは世界的に存在感を強め、既存の通貨秩序の脅威となりつつあります。

CIPSは日本のメガバンクを含め世界中の銀行から参加が広がっており、24年末時点で直接参加機関が168に、間接参加機関は1461に上っています。24年12月に開かれたBRICS（ブリックス）では、一部でCIPSへの参加を各加盟国に促そうとする動きがあったとも報じられました。貿易金融に占める人民元のシェアは22年2月には2%未満にとどまっていましたが、ロシアによるウクライナ侵攻から1年後には、4・5%となり、実に2倍以上に急速に拡大しています。

現時点では、ただちにドル基軸通貨体制が覆されるほどの状況とまでは言えないにせよ、中国だけでなくインドやブラジルなど、グローバルサウスの他のメンバー国を含め既存の通貨秩序に挑むような動きが今後も広がるとすると、かつてのようにドルを持ち続けていれば未来永劫にわたって安心とは言い切れないでしょう。

トランプ大統領の関税政策とドル安

2025年の1月20日にトランプ政権の2期目がスタートしました。トランプ氏が足元まで矢継ぎ早に打ち出してきた政策は、ある部分はドル高、ある部分は反対にドル安を招くというふうに、為替の方向感が読みにくい内容でした。

まずトランプ大統領はグローバルサウス諸国に対して、ドルの地位を脅かすような行為をした場合、その国の関税を大幅に引き上げるという脅しめいた発言をしたことが挙げられます。また、ベッセント財務長官は2月のインタビューで「強いドル政策」を強調しています。

反対に、ドル安に貢献しているのが、トランプ大統領の選挙の公約でもあった強引な関税政策です。近隣の友好国であるカナダやメキシコに対して25%もの関税をかけるという驚くような政策も、今後全ての国に対して相互関税政策を取るというスタンスも、今まで当たり前と思っていたアメリカの自由貿易政策からの100%の方向転換です。このような「ショック療法」は、世界の不安定化を助長しています。

トランプ大統領の関税政策は、逆に物価高を招き、究極的には消費が滞り経済不況を招くのではないかという懸念もあります。またトランプ大統領が任命したイーロン・マスク氏が率いる政府効率化省（DOGE）は、大幅な公務員の削減を実施しようとしています。これには（トランプ大統領支持者も含めて）相当の反発と法律面での議論の過熱が予想されます。唐突かつ冷徹なトランプ氏の言動や、DOGEの活動の不透明性が社会の不安を掻き立てる中、すでに消費者心理の冷え込みが統計数値に表れています。経済の弱体化を危惧したドル売りの動きも見られます。

トランプ政権発足以降のドル指数を見ると、年初にピークをつけたあとはドル安の傾向になっています。トランプ大統領が極端な関税政策を停止しない限り、ドル安のトレンドは継続しそうです。アメリカ第一主義は、第二次世界大戦終了後のアメリカ主導の世界秩序（パックス・アメリカーナ）の終わりを示唆する、大変重要な変化の兆しであると思われます。

金融資産から実質資産の時代に

コロナ禍は、投資の世界の流れを結果的に変えてしまう出来事でした。まず重要なのは、1980年代初頭に始まったディスインフレの流れを止めてしまったことです。

歴史を振り返れば、このディスインフレは、レーガン大統領がアメリカのFRB議長にポール・ボルカー氏を任命し彼がアメリカの金利を急上昇させ、インフレ退治に成功したことに端を発しています。ボルカー氏の勇気ある高金利政策によって、その後40年の間、アメリカの金利は1981年6月の20%をピークとして下降を続け、2020年には0%まで低下し、インフレ率についても逆にデフレが心配されるレベルまで下がっていったのです。こうした動きは、債券、株などの金融資産にとって大変な追い風となっていました。

ところがコロナ禍による経済的な打撃を和らげるために各国が取った金融政策のために、この環境は激変してしまいました。その最初の犠牲者が、各国の貨幣です。

貨幣の総量の増加ペースはブレトンウッズ体制が確立された第二次世界大戦以降、平均して年率2%程度で推移していました。しかしコロナ禍をきっかけに一時、20%まで増加しました。加えて、サプライチェーンの混乱を背景としたインフレ率の高まりによって、通貨の価値自体も下落しています。これは貨幣全体に対する信用の問題であって、ドル以外の通貨を持っていればよい、という簡単な話ではありません。

足元では、紙幣のように発行数を増やすことができず市場に出回る絶対数に限りがあること、つまり有限性こそが価値の源泉であるという認識が投資家の間に広がり、金やビットコイン、資源関連など供給量に物理的・技術的な制約がある実質資産への関心が高まっています。

「はじめに」で触れたバフェット氏による日本商社株への投資について、当時の日本国内の報道では「世界的な投資家が日本の成長力に目をつけている」といった楽観的な見方が伝えられていました。ただ、これは極めて表面的な解釈だと言わざるをえません。

バフェット氏は、日本という国そのものやこの国の特定の商社に特別に興味を持っていたとは言えません。何しろ後に明らかになったように、彼はまず5大商社の株式発行数の5％を均等に買い、経営層との面談もアルファベット順にこなしていったのです。彼の狙いは、有限な実質資産（資源や金のように形があり、目に見えるものを「実物資産」と言いますが、実物資産と同じように有限性を有する資産をここでは「実質資産」と呼ぶことにします）である資源への投資であり、買い増した理由というのは、たまたま日本の商社株が世界で一番安い資源株であったからに過ぎないのです。現在は、各社の株式保有の9・9％まで買い増しており、25年3月に出された株主への書簡の中で、今後10％以上買い増しすることに対して各社から同意を取り付けたと、報告しています。

代表的な実質資産として、ビットコインや金、そして知的財産などが挙げられます。「デジタルの金」とも呼ばれるビットコインは、サトシ・ナカモトを名乗る人物の論文をベースに09年1月に誕生しました。ビットコインの発行上限は2100万枚と決まっていて、希少価値という点では優れた実質資産と言えるでしょう。

仮想通貨元年と言われた17年には、ビットコインの価値が1年間のうちに1000ドルから2万ドルに急騰。その後、コロナ禍で世界中の投資マネーが仮想通貨に流入し、21年に初めて6万ドルを超えました。その後、ビットコイン市場の盛り上がりをさらに加速させたのは、24年1月の米国証券取引委員会（SEC）によるビットコインを対象とした上場投資信託（ETF）の解禁です。

ビットコインＥＴＦの解禁をめぐっても、紆余曲折がありました。もともと米国商品先物取引委員会（ＣＦＴＣ）はビットコインを含む暗号資産について、株式や債券のような「証券」ではなく、「コモディティ」、つまり金などと同じ商品であると整理していました。金の現物に投資するＥＴＦはすでに存在していたため、同じコモディティであるビットコインのＥＴＦも、理屈上は問題なく上場できるはずでした。

しかしいざビットコイン現物ＥＴＦの上場申請が届くと、ＳＥＣは市場の不透明性などを理由にことごとく拒否していました。これに対し連邦控訴裁判所は、ＳＥＣの判断が合理的でないとして異議を唱え、侃々諤々の議論の末に24年1月10日、アメリカで初となるビットコイン現物ＥＴＦの承認にこぎつけたのです。

ＥＴＦの解禁が強力な追い風となり、ビットコインは同年12月に史上初の10万ドルを記録。トランプ大統領の再就任を受けたさらなる規制緩和への期待感も相まって、ビットコインへの資金流入はその後も衰えていません。

25年3月、トランプ大統領は、「暗号資産の戦略的備蓄」に関する大統領令に署名しました。これにより、仮想通貨市場でのビットコインの長期的資産としての価値が高まりました。

アメリカに続き日本でも、ビットコインETFの解禁への期待感が高まっています。日本では17年施行の改正資金決済法によって、暗号資産交換業に関する法制度が整備され、20年5月の改正金融商品取引法によって、暗号資産が正式に金融商品として認められました。

ビットコインETFを日本で解禁する際、ハードルの一つとなっているのが投資信託法です。投信法のルールで、ETFを含む投信は、株式や債券など「特定資産」に分類される資産クラスに一定程度、資産を振り向けることが義務付けられ、ビットコインなどはこの「特定資産」の分類から除外されています。幅広い資産クラスに分散投資する一環としてビットコインを保有することは認められる可能性があるものの、ビットコインを主たる投資対象とするETFを上場させることは現行制度では困難です。

ビットコインETFの解禁に向けては投信法だけでなく税制を含めた抜本的な環境整備が必要ですが、与党が策定した2025年度の税制改正大綱には、政治サイドを巻き込んだ法改正の機運の高まりを印象づける記載が見受けられます。

暗号資産取引に係る課税については、一定の暗号資産を広く国民の資産形成に資する金融商品として業法の中で位置づけ、上場株式等をはじめとした課税の特例が設けられている他の金融商品と同等の投資家保護のための説明義務や適合性等の規制などの必要な法整備をするとともに、取引業者等による取引内容の税務当局への報告義務の整備等をすることを前提に、その見直しを検討する。（2025年度与党税制改正大綱）

……………………………………………

とりわけ、与党大綱の中で暗号資産を「広く国民の資産形成に資する金融商品」と明言している点が注目に値します。政府はよく、中長期的な資産形成の手段である「投資」と、ギャンブル的な要素が強い「投機」とを区別するといったロジックを用いますが、ブロックチェーンを含む暗号資産は前者の「投資」の手段として、政策的に普及を後押しすることが望ましいという認識を示したのです。

米中対立が日本企業への追い風に

振り返ればこれまでビットコインの価格が急騰した局面では、たしかにＳＥＣや大統領選を含めた政治動向が関わっています。とはいえ、乱高下を繰り返しながら15年余かけてビットコインの価値が何千万倍にも膨れ上がった背景には、ドル一強の通貨秩序の陰りや各国インフレを受けた、有限の実質資産への関心の高まりがあることを忘れるべきではないでしょう。

金の価格の高騰についても同じことが言えます。中国を含む新興国などの中央銀行がロシア政府が体験したドル資産没収などの政治的リスクを抑制するために米国債の保有比率を引き下げるとともに、外貨準備の一部として金を買い越す動きを背景に、２０２４年にはニューヨーク金先物価格が史上初の1トロイオンス２８００ドルに迫る勢いを見せました。伝統的かつ象徴的な実質資産として、金はビットコインと同様、第二次トランプ政権の「不確実性」を受けてドル基軸通貨体制の揺らぎが顕在化する過程でますます注目を集めることになるかもしれません。

ウクライナ危機以降、マーケットでは中国への投資を一段と見合わせる動きが広がりました。彼らはガバナンスの観点の課題を理由に挙げましたが、これは単なる口実のようなものであり、実際には、ロシアによるウクライナへの侵攻が、将来的な台湾有事の可能性を連想させたことが背後にあるのです。米中対立が激しさを増す状況下、世界では痛ましい出来事が相次いでいますが、純粋にビジネスの側面に焦点を絞るならば、国際情勢のこうした変化がかえって追い風となっている日本企業もあります。

ハイテクや防衛産業分野で、アメリカの強力な同盟国である日本の企業にチャンスが回ってきているのです。これは、トランプ政権になりいっそう明らかになってきました。

半導体の製造についても、アメリカ国内か、さもなくば友好国に拠点を集中させるといった動きが見られます。特に活況を呈しているのが九州地方で、台湾積体電路製造（TSMC）は24年12月に熊本の第1工場で量産を開始。25年には第2工場の着工も予定しています。また、同年中には東京エレクトロンが製造装置の研究開発棟の竣工、ルネサスエレクトロニクスがマイコン製造設備の増設、三菱ケミカルが感光剤原料ラインの稼働をそれぞれ予定しており、九州は日本のシリコンアイランドとして注目を集めることになりそうです。

防衛産業については、政府が装備品分野の育成を目的とした制度整備を急いでおり、業界全体の追い風となっています。23年12月には防衛装備移転三原則と運用指針を改定。さらに、24年7月には航空自衛隊の迎撃ミサイルであるパトリオットを米軍に提供する契約を発表。さらに、「日米防衛産業協力・取得・維持整備定期協議」（DICAS）を新たに立ち上げ、ミサイル分野で共同生産の推進に向けた調整が本格化しました。少し前までは中国企業に押され気味だった日本の通信機器分野についても、西欧の市場から中国製品が事実上締め出されつつあることで、千載一遇のチャンスが訪れているといえます。株価の見通しは別として、こうした国際情勢を踏まえて投資家の間で改めて注目度が高まっている銘柄としては、NECや富士通、東京エレクトロン、レゾナック、ルネサス、キオクシア、ローム、三菱重工、IHIなどが挙げられるでしょう。

もちろん日本経済に追い風が吹いているからといって、国内の成長分野の企業であればどの銘柄を買っても安心というわけではありません。前述の通り、日本の企業には株主の利益を軽視する慣習がまだまだ根強く残っているからです。

経営者が背負う第一の責務は、言うまでもなく株主の利益追求です。私は投資家として、アナリストとして数多くの経営者と面談を繰り返しながら、企業を成長に導き、その利益をしっかりと株主に還元することができる優秀な経営者の見極め方を探究し続けてきました。そして私のたどり着いた一つの答えが、「創業者であり株主でもある経営者のいる会社に投資をする」という考え方です。

創業者兼経営者に着目すべき三つのワケ

前の章で説明したように、今、日本に注目している投資家のほとんどはバリュー投資の手法を取っています。市場が過小評価している企業銘柄を発掘することで収益を狙うバリュー投資にとって、最大の問題は、投資先の経営層自身が、企業の価値や市場の評価を引き上げるための行動を取ろうとしない「バリューの罠」に陥る可能性があることです。

このバリューの罠と格闘する中で、私が着目するようになったのが、創業者自身が経営する企業です。

私が、こうした企業に目を付けたのには三つの理由があります。まず一つ目に、彼らには株主と目線を合わせた経営が期待できるからです。

多くの大企業で経営の舵取りを任されている雇われ社長たちは、古めかしいクローニー資本主義の組織文化に浸かりきっているので、株主の利益よりも自分や自分に近い人々の保身を優先しがちです。コングロマリット企業の雇われ経営者が、本業で赤字を出したときに言い訳をする「保険」をかけるために、コアビジネスと関連性のない部門を合理的な理由なく守り続け、結果的には企業全体の収益も株主利益もダメにしてしまうのです。

本来、経営者は「運命共同体」として株主と同じ目線に立って経営判断を下すことが求められます。経営者と株主の利害が食い違う利益相反が生じることは、コングロマリット形態を取る企業かどうかに限らず、株式市場において古くからある課題です。

アメリカなど各国で企業による開示ルールの強化が進められてきたのは、利益相反の問題を制度の力で克服する試みだと言えますが、最終的には、大切なお金を託す相手である経営者が本当に株主の利益を真摯に追求してくれるかどうか、投資家自身が入念に判断しなければいけないのです。

一人一人の経営者が本当に株主のために動いているか見極めることは、なかなか難しいものです。株主である投資家が目指しているのは、もちろん、投資から得られるリターンの実現です。このリターンは基本的に、企業がビジネスで獲得した収益を原資として株価上昇を通じて分配されるので、その意味では理屈上、企業の舵取り役を担う経営者と株主の目線は一致しているはずです。しかし、経営者たちが現実に置かれている立場は、良くも悪くも複雑です。特に雇われ社長のような経営者の場合、自分自身の保身や、身内の雇用を維持するよう求める外部からの圧力などによって、純粋な収益の追求という自らの役割を見失ってしまうケースが、残念ながら散見されます。

その点、自分が経営している会社の株主でもある創業者の場合には、当然ながら、他の株主と利害関係が一致しやすい立場にあります。自らが立ち上げ、手塩にかけて育て上げたコアビジネスに専念する真摯な姿勢だけでなく、いざというときには株主である自らの利益を守り、さらに拡大するため、事業ポートフォリオを果断に見直す決断力をも期待できます。

二つ目の理由として、経営判断におけるスピードの速さが挙げられます。日本の大企業の多くは物事を合議制で決めていきます。民主的であるとか、一部の極端な意見で企業全体が振り回されるのを防ぐことができると言えば、多少聞こえはよいかもしれません。ただ、生き馬の目を抜く競争市場で勝ち抜くためには、合議制ではあまりにも時間が掛かりすぎるのも事実です。まして多角経営の企業では利害関係者が多岐にわたり、事業ポートフォリオの見直しに際して意見調整に膨大な時間と手間が費やされることになります。コングロマリット形態の脱却が遅々として進まない理由をよくよく調べてみたら、まさにコングロマリット形態下の合議制そのものが円滑な議論を阻害しているといった例は珍しくありません。

一方、創業者が経営のトップにいる場合には、実質的にその人物の一存で重要な物事を決定できるケースが多く、経営判断は桁違いにスピーディです。

ときどき、こういう反論が返ってくることがあります。「判断が速いこと自体は悪いことではないかもしれないが、誰も物申すことができない創業者兼経営者が暴走すれば、ビジネスが大失敗するリスクが大きいのではないか」——と。

しかし、創業者兼経営者がしっかりとした現状把握力と判断力を持ち合わせていれば、失敗した事業からの撤退判断もスピーディに下すことができます。彼らは気楽なフリーハンドというわけではなく、経営判断の実質的な権限を掌握しているトップとして、自らが立案し、推進した計画が失敗に終わった際の責任を引き受けているのです。合議制と違って責任の所在が外部から見て明確であることも、投資家から見た、創業者がトップに就いている企業の魅力と言えるでしょう。

もちろん創業者兼経営者の中にも、自分の失敗を認めることができない、問題のある経営者もいないことはないでしょうが、投資先の経営者と直接面談し、過去の行動のデータを丁寧に精査すれば、経営センスのない経営者はすぐに見分けることができます。そこが、私たちプロの投資家の腕の見せ所でもあるのです。

彼らに着目する三つ目の理由は、長期的な目線で経営判断をしている可能性が高いからです。創業者は、いずれ次の世代に会社を引き継がせたいと願っているケースが多く、短期的な収益を犠牲にしてでも、未来に投資するマインドがもともと備わっていると考えられます。

加えて、創業者がトップにいる企業群は、他の企業群に比べてROEが高い傾向が見られますが、これも決して偶然ではありません。ビジネスを始めるときは当然、元手が必要ですが、日本では欧米に比べ、ベンチャーキャピタルのようなリスク資本が乏しく、新興企業はそもそも銀行融資を受けることが困難です。そこで往々にして彼らは、莫大な元手を必要としないサービス業を選択することになります。結局、固定資産を必要としないためマージン

ホライゾン・キネティックス社の創業者インデックスとTOPIXの数値の比較

(ホライゾン・キネティックス社の数値を元に著者作成)

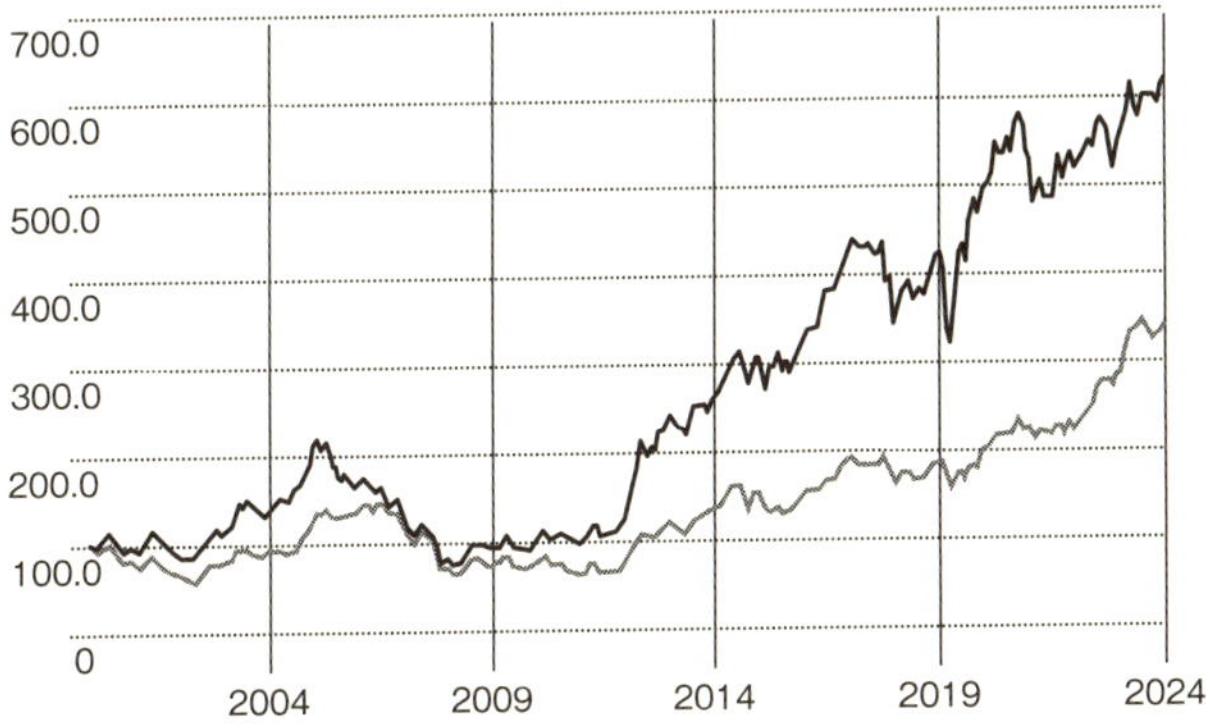

Horaizon Kinetics Japan Founders TR JPY

TOPIX TR JPY(東証株価指数)

※TRとはTotal Retunのこと。配当金、キャピタルゲイン、金利収入及びこれらを一定期間再投資した全てのリターン

Horaizon Kinetics Japan Founders Index

会社数:121

平均時価総額:22億ドル

株価収益率:16.2

株価純資産倍率:1.6

配当利回り:1.7%

※データは2024年12月のもの

•インデックスに選択される条件

創業者が経営に参画している/創業者が自社株を所有しており一度もその株を売っていない/四半期ごとに選択される条件を満たしている

上記に加え、次のことを勘案する。流動性/時価総額/上場後2年が経過している/四半期ごとに各株のリバランスをする/各期の最初のポジションは均等に取る

Horaizon Kinetics Japan Founders Index について

日本の株式市場に上場している創業者によって経営されている会社の株から成り立っている。創業者は一般的に大変優れた経営能力を備え、その業界の内情に精通し彼ら独自の人脈を持っている。このような理由で創業者が経営している会社群は長期に成長することが可能になると考えられる。創業者は自分で作った会社に対して非常に強い責任感を持っていると同時に、会社への既得権益を有している。

グラフの通り、創業者株は日本株のインデックスに比べて優秀な成績を収めている。過去24年間の累計成績をTOPIXと比較すると約2倍のリターンとなっている。

比率を高めやすく、効率的に収益を実現しやすいのだと考えられます。

こうした仮説をもとに私は、在籍しているホライゾン・キネティックス社で、アジア株のアナリストの小島詩子さんの協力を得て、独自のインデックスを立ち上げました。このインデックスは、創業者自身が経営し、しかも自社の株式を保有し続けている日本企業を抽出して投資します。

3900社ほどに上る日本の上場企業から、時価総額や流動性などの要素でふるいにかけた1600〜1800社程度の母集団のうち、創業者が経営層に在籍し、しかも自ら株式を保有していること、なおかつ創業者が法改正対応や税務上の合理的な理由なく自社の株式を手放していないことなどを条件に、最終的に140〜200社ほどに絞ります。インデックスのトラックレコード（運用実績）を見るとベンチマークを上回る収益を実現しており、私の仮説が正しかったことを証明できたと考えています。

ケーススタディ② ニトリHDの「30年計画」とその後

創業者兼経営者がリーダーシップを発揮し、時代の変化の中でも本業の重要性を見失うことなく事業を成長させ続けてきた典型的な例として、似鳥昭雄氏が率いるニトリホールディングスが挙げられます。

似鳥氏は20代で起業し、1967年に「似鳥家具店」の1号店を札幌市にオープンしました。2号店以降は一時売り上げが落ち、倒産の危機に陥りましたが、経営コンサルタントとして有名な渥美俊一氏との出会いもあって立て直し、似鳥氏は事業を拡大基調に引き戻します。

79年には30年計画として「店舗数100、年商1000億円」という目標を設定。81年に札幌市以外の地方1号店となる苫小牧店をオープンし、86年には社名を「ニトリ」に変更、89年に札幌証券取引所に上場します。2000年には埼玉県に関東物流センターを開設し、02年に東京証券取引所に上場。03年2月に売上高1000億円、同年12月に店舗100となり、30年計画を大幅に前倒しで達成することになりました。

その後も事業拡大は続き、04年には上海に物流センターを開設し、インターネット通販も開始します。07年には台湾に海外1号店をオープンし、同年にシステムキッチンの販売を始めてリフォーム市場に参入。09年には200店舗、13年には300店舗を達成。24年にはニトリグループとして1000店舗を達成し、足元に至るまで加速度的に販売拠点を拡大しています。

似鳥氏は、「統合報告書2024」のトップメッセージの中でこのように記しています。

「会社や上司のためではなく、自分自身のロマン（志）とビジョンを有し、実現に向けて自ら考え、行動する人材を育てたいと、早くから上場企業平均の5倍以上の教育投資額を注ぎ、取り組んできました。製造物流IT小売業である当社には様々な業務領域があります。領域毎に、業界最高水準の知識と経験をもつスペシャリストを擁する必要があります。私は常々、『石の上にも3年、風雪5年、苦節10年、スペシャリスト20年』と申しています。配転教育やニトリ大学という独自の教育体系のもと、各々の専門領域においてロマン（志）とビジョンを見い出し成長した、20年以上の経験を有するスペシャリストが、今では全社で700名を超え、グループを支えています。

当社が目指す成長を遂げるためには、更に広い分野で、多数のスペシャリストを必要とします。中でも、海外展開を担うグローバル人材や独自の内製IT基盤を通じて成長を支えるIT人材の厚みがより重要になると考えています。IT・DXの加速に向けて2022年4月に設立した㈱ニトリデジタルベースは順調に拡大を続けていますが、IT人材1000名体制へと更に増強していく計画です。これからも多数精鋭のスペシャリスト体制の強化に向けて、更なる人材教育投資を続けます」

「今後は、世界を舞台にした出店拡大のフェーズに入ります。壮大なロマン（志）とビジョンの実現を目指し、グループ一丸となって、挑戦してまいります」

創業者兼経営者は長期的な目線で企業経営をする傾向があることについて先ほど解説しましたが、似鳥氏のこの言葉からはまさに、自らが作り、育て上げてきたビジネスをいつか次の世代へ着実につなげていこうという強い意志を読み取ることができます。

特に、「石の上にも3年、風雪5年、苦節10年、スペシャリスト20年」という表現には、似鳥氏自身の経験に裏打ちされた重みがあります。

現在、同社は「2032年ビジョン」として3000店舗・年商3兆円という目標を掲げ、中間目標として2025年度買上客数2億人以上を掲げています。インドネシア・インドの出店店舗物件調査や、アプリ会員目標2200万人を達成するためのECアプリの刷新、法人向けECの整備にも注力しています。

雇われ社長でも変化の可能性を見出せる

もともと日本市場には、成長の期待を現実の収益に変えるポテンシャルを持った優良企業がありましたが、クローニー資本主義的で責任のありかを曖昧化する組織風土が足枷となり、資本の効率化が遅れて彼らの成長を阻害してきたのです。個々の企業がしがらみを乗り越えて収益拡大を希求できるか、投資家の目線で見極めるためには、必要なリスクを適切なタイミングで取りに行くことができるリーダーがその会社に存在するかどうかを丁寧に見定める必要がありました。

その意味でも、創業者兼経営者のいる企業にフォーカスした投資戦略は、潜在的な成長力を秘めた日本市場で効率的に収益を実現する上で、将来にわたって引き続き有効であると自信を持っています。

この国で今起きつつある変化に目を向ければ、日本企業に投資をして収益を実現する機会は今後、旧来の属人的な制約を乗り越え、より広範囲に拡大していくと期待できるでしょう。

第2章で紹介してきたように、今、日本株式市場ではさまざまな改革が実を結びつつあるところです。企業向けのコーポレートガバナンス・コードと、機関投資家向けのスチュワードシップ・コードという二つの行動規範の策定と、日本の「恥」の文化を活用した実効性向上の試みによって、多くの日本企業がクローニー資本主義から脱却し、株主の利益に真摯に向き合う経営姿勢へと転換しようとしています。

企業におけるガバナンス意識の改善に伴い、バランスシート上にある、使われていない現金に対する問題意識も強化されています。そもそもこの現金は、会社のものではなく、その使い道を株主から経営陣が託されたものなのです。もし事業に投資することが得策でないのなら、滞留していたキャッシュは、配当金の増額、または一時配当金の支給、そして自社株買いなどへと回されるべきです。このうち特に自社株買いの増加については、市場全体で見れば、既存の株式に発行体企業という新たな買い手が現れたという意味で極めて重要です。

一連の取り組みの成果によって日本の株式市場は、１９８０年代のアメリカ株式市場と同じような変革の時を迎えるに至ったのです。日本がバブル以降、「変わる」と言いながら変われなかったため、世界の投資家から「オオカミ少年」と呼ばれてきた、その汚名を返上するチャンスでもあるのです。

本書前半で見てきたように、当時アメリカでは、ハイイールド債という新たな資金調達の手段を獲得した企業や投資家たちによるM&A市場の活性化によって、旧来の不文律的な紳士協定の文化が一気に崩れ去りました。エリサ法というルール整備を前提としながら、純粋に利益拡大のみを追求する新たな買い手を含む民間セクターが主体的に試行錯誤を重ね、企業価値を持続的に向上させるためのエコシステムを構築していったのです。

日本では、政府や取引所による前述の環境整備を直接的な契機として、企業の試行錯誤が広がっていきました。その結果として、世界中に情報収集のアンテナを張りめぐらせているアクティビストが変化をかぎ取り、足元では海外ファンドが日本企業に買収を仕掛ける動きが広がりつつあります。

変化はおそらく不可逆的であり、今後も加速度的に拡大していくことでしょう。

問題は、今の日本企業の舵取り役を担っている経営層の人々が、この変化に対して本当に準備ができているのか、ということです。

ケーススタディ③では、日本企業に対して実際に海外投資家がアクティビスト・キャンペーンを仕掛けた最近の事案について紹介し、この国で株主と経営者が目線と歩幅を合わせ、ウィンウィンの関係を築き上げながら互いにメリットを享受できるエコシステムを確立するためには、一体何が必要なのか、そして何が足りないのかについて考えていきます。

ケーススタディ③　バリューアクトとオリンパス

投資家との連携をきっかけとして経営体制を抜本的に見直し、企業価値の向上を目指す取り組みに乗り出した例として、オリンパスのケースが挙げられます。

2019年、オリンパスはアメリカのアクティビストであるバリューアクト・キャピタルから取締役を招き、粉飾決算発覚の影響で揺らいでいた経営基盤を立て直すため、改革に着手しました。

当時、同社が抱える最大の問題は、デジタルカメラ事業の不振にありました。カメラは企業のブランドイメージと強く結びついてはいましたが、収益性については内視鏡事業に見劣りしていました。ハイレベルな撮影機能を搭載したスマートフォンの普及によって成長期待が以前ほど見込めなくなったカメラ部門を切り離して医療関連部門に専念することが必要であることは誰の目にも明らかでしたが、上層部に忖度して誰もそれを言い出せなかったのです。

オリンパスは19年1月11日、「トランスフォーム・オリンパス」と銘打って、企業変革プランを公開しました。その名の通り、過去のしがらみに囚われず事業構成を果断に見直す決意をステークホルダーに示す内容であり、その後、同社が医療分野を中心に据え、収益力を大幅に改善していく劇的な転生劇のスタート地点となった資料です。

そもそもオリンパスに限らずほとんどの企業は日頃から、株主向け説明資料やニュースリリースを通じて「私たちはこれから生まれ変わる」といったストーリーを頻繁に発信しています。市場が企業の成長への期待を高めることが株価の引き上げにつながるので、それは当然のことなのですが、投資家側にしてみれば、大量生産される成長ストーリーの中から過度に誇張している部分を見抜き、企業価値向上につながる実効性のある計画を探し出すのは簡単ではありません。その意味でも、このオリンパスの企業改革プランには、真の変化を呼び起こす計画とはどういうものなのかを私たちに教えてくれる貴重な歴史的価値があると言えるでしょう。

ここでプランの主な内容をのぞいてみましょう。

・経営意思決定の迅速化・効率化、リスクマネジメントの一元化およびグループ全体における経営リソース配分の最適化を追求
・効率性改善および成長機会獲得のため、新たなグローバル・グループ・マネジメント体制を構築し、人事制度をグローバルに統一
・医療事業を「内視鏡事業部門」と「治療機器事業部門」へ再編成することにより最適化を図るとともに、治療機器事業部門の統括拠点を米国内に配置す

ることで、今後の成長を一層促進
・コスト管理策を最優先事項として集中的に実施：まずは、2020年3月期の販売管理費を2018年3月期の水準へ圧縮
・2019年4月1日付で竹内康雄が代表取締役社長執行役員兼CEOに就任予定
・当社ビジネスのグローバル化に伴い、指名委員会等設置会社への移行について、2019年6月下旬開催予定の2019年定時株主総会に対してご提案することを検討
・取締役会のダイバーシティ化に向け、新取締役3名の選任を検討：バリューアクト・キャピタルのパートナーであるロバート・ヘイル氏を含む、グローバルな知見・経験を有する候補者を検討

このプランの中には、本書で取り上げてきたような、企業価値の向上につながる変化の兆しが数多くちりばめられています。経営体制の見直し、事業構成

の改善、そして有力なアクティビストとの連携です。

まず、経営体制の見直しについては、海外経験の豊富な竹内氏を新たなトップに据えることで、国内のクローニー主義的な因習を脱却する意志を企業として示しました。事業構成の改善に向けては、5事業部門で構成されていた医療部門を2事業部門に整理し、企業グループ全体としてトップダウンのガバナンス体制を強化しました。

そしてここで注目しておきたいのが、アクティビストであるバリューアクト・キャピタルから役員を招き、変革の推進役を担わせたことです。バリューアクトとの連携について、CEO竹内氏は以下の通りコメントしています。

「過去数年間にわたって当社自らが行った諸施策により、一定の成果を上げてまいりました。今回、ガバナンス体制を変更し、グローバル企業と同様の体制を構築することにより、今後より一層の成果を上げることができるものと考えます。バリューアクトのこれまでの経験と建設的なアプローチには好印象を持っており、ロバート・ヘイル氏を当社の取締役候補として迎え入れ、同氏のグローバルな知見・経験を取り入れることが、当社の変革及び当社企業価値の向上に繋がると判断いたしました」

竹内氏のコメントからは、直接的な表現ではないものの、「私たちはアクティビストの言いなりになったわけではない」ということを、暗に強調するようなニュアンスも読み取れます。彼らの名誉のために念のため言い添えておくと、これは単なる強がりではありません。オリンパスは、「アクティビストの働きかけによって眠りから覚めた」という言い方をされることもありますが、実際には、古参たちが関わっていた粉飾決算を苦々しく思っていた若い世代の良識的な社員が、自社の変革のためにアクティビストを上手に利用したという側面があるのです。

ヘイル氏はこのようにコメントしています。

「1年にわたり、バリューアクトは笹（宏行）氏、竹内氏を含むオリンパスの経営陣と非常に建設的な協議を重ねてきました。バリューアクトはオリンパスの掲げるビジョンに賛同しており、オリンパスのガバナンスと経営体制をグローバル化させる変革の取り組みは、オリンパスが有する潜在能力を最大限に発揮し、価値創出を加速させると考えています。次期定時株主総会のオリンパスの取締役候補者として迎え入れて頂いたことを光栄に思っており、すべてのステークホルダーにとっての長期的な価値創出を実現するために、竹内氏とその他のオリンパスの方々との協業を楽しみにしています」

その後、オリンパスはヘイル氏が「潜在能力を最大限に発揮し、価値創造を加速させる」と考えた取り組みを次々に実行に移していきます。21年1月には、赤字を抱えていたデジタルカメラを含む映像事業を日本産業パートナーズに売却。同じ年の3月に早期退職制度を実施。翌22年4月には顕微鏡や工業用内視鏡など科学事業も分社化しました。私は全てのアクティビストが企業に良いものをもたらすとは思っていませんが、オリンパスとバリューアクトの関わり合い方は、互いにウィンウィンとなるべき企業と投資家との関係の、望ましい姿の一つと言えるでしょう。

プランを策定した時点（2019年3月期）の調整後営業比率は9・2％に落ち込んでいましたが、ここで掲げた改革の効果もあり、23年3月期には20％へと大きく改善しました。23年5月に掲げた計画では、24年3月期〜26年3月期において、売上高でCAGR（年平均成長率）5％、営業利益率で毎年約20％、EPS（1株利益）成長率でCAGR8％超の達成を目標に掲げています。

資本政策としては、「成長ドライバーへの優先的な投資」「安定的かつ段階的な増配」「機動的な自己株式の取得」の3本柱を打ち出しています。プラン策定から6年が経った今も、株主と目線を合わせ、成長機会を真摯に探究する姿勢が継続していることが窺えます。

第5章

国内で良きリーダー、投資家を育てるには

次のリーダーをいかに育てるか

日本では、本書で紹介したいくつかの具体例が示す通り、市場から過小評価されていた企業が、アクティビストの働きかけなどをきっかけとして経営改革に乗り出し企業価値を引き上げるといった動きが広がりつつあります。現状では、時価総額の比較的大きな知名度の高い会社が中心ですが、今後は企業の規模にかかわらず、スタートアップ企業を含めて幅広い企業に対し、海外投資家の触手が伸びてくることも予想されます。

日本市場は今、企業の構造改革の大きな流れを一時的なブームで終わらせず、持続的なものとし、長期にわたる構造的強気相場へ移行するための正念場にあります。

世界中の投資家による日本株式市場への注目度が急速に高まっている背景には、前述のように、米中対立の激化など、国際情勢の風向きの変化がもたらす外部要因が多分に関わっています。官民で市場改革に力を入れていることは歓迎すべきことですが、風向きが再び変われば、またしても国際市場間競争の荒波の中に埋もれてしまう心配が拭い切れません。海外投資家というものはちょうど旅行者のように、気が向けばやって来て、気分が変わるとまた自国へと帰ってしまう存在だからです。

世界中の投資家から中長期にわたって選ばれ続ける競争力のある市場となるために、私は二つのことが重要だと考えています。企業改革を主導できる力のあるリーダーを育てるための教育制度の見直しと、日本市場に継続的に投資する多様な国内運用業者の育成です。

優秀なリーダーを育て上げるのは、もちろん簡単なことではありません。

アメリカでもかつては日本と同様、一つの会社に勤めて出世を目指すというパターンがありましたが、現在は稀になりました。現在では、大学院を出て専門性を手にして入社した社員も、転職をして新しい経験を積み、キャリアと収入を上げていく方が一般的です。外の世界を経験し、各業界の知識を深めた経営者たちが、競争社会の荒波に乗り活躍するというのが、アメリカの経済界の姿です。

プライベート・エクイティファンドが買収した会社の変革を推進するときは、たいてい新しい経営陣（CFOを含めて）を探すのですが、アメリカではその候補者に事欠きません。それは前述した通り、会社を渡り歩いて経営する「経営のプロ」という人たちが存在するからです。日本では多くの会社が終身雇用制度のため、経営のプロはごく少数しか存在しません。

経営の論理や手法を学ぶためには、経営大学院のエクゼクティブ・プログラムを活用することがよいでしょう。会社の外にグローバル人脈を築くことができます。以前は、会社から派遣されて欧米の経営大学院に留学する日本企業の社員もいましたが、バブル崩壊後は少なくなっているようです。最近では、経営大学院への中国、韓国の留学生が増加する一方で、日本の留学生の数が激減しており、競争力という点でも気になるところです。MBAを習得してもその後会社に戻り、資格を有効に使えないという声も聞いたことがあります。社内の優秀な社員を育て、活用するのは、経営陣の能力にかかっているのです。

本書で取り上げたレゾナックなどの例が示すように、日本でもカリスマ経営者が企業の改革を主導するケースがないわけではありませんが、ただ、一つの企業に数十年にわたり勤め続けた人間がトップに上り詰めたあとで、経営者としての手腕を遺憾なく発揮するといったケースは、今の日本では珍しいのも事実です。

経営者の本来の役割とは言うまでもなく、株主の利益の最大化であるはずです。なぜ、日本の多くの経営者は、この基本的な役割を全うする意志と能力が希薄なのか――その背景にある問題として、本書では、日本企業特有の組織風土の特性についても繰り返し取り上げてきました。

製造業がけん引役となって経済成長を遂げた強烈な成功体験を持つ日本では、成長を前提としたモノづくりのビジネスプロセスを元にした組織体系が構築されています。年功序列のピラミッド型の上下関係が支配する中、「出る杭は打たれる」といった空気が蔓延し、若手が責任のある仕事を任される機会に乏しい組織風土が硬直化すれば、能力と責任の自覚を併せ持つリーダーが自然に育つことは期待できません。学校生活においても、ディベートなどによって論理的思考力や言語化、表現力を鍛える機会は少なく、人間関係においても互いの意見を否定することはご法度とする風潮があります。相互的な建設的批判によって問題解決を目指すという発想が欠如しているのです。スティーブ・ジョブズ氏やイーロン・マスク氏といった奇才は日本のシステムの中で、幼いときに才能の芽を摘まれてしまうのではないでしょうか。

国内外の経済活動の重心は、製造業から知的産業へとシフトし、新商品のサイクルも遥かに短縮化してきています。製造業のビジネスモデルでは一定の合理性が認められた旧来の組織風土も、今の時代には、変革を阻む足枷となりかねません。

バリュー投資家として鍛えられた若手時代

もちろん私は、日本の流儀よりもアメリカの方が何もかも優れているなどと物事を単純化するつもりはありません。アメリカの企業も、組織によってその風土やカラーはさまざまです。

その上で個人的な経験を振り返るなら、私が1984年に金融の世界に飛び込んで初めて身を置いた投資顧問会社は、今にして考えてみても、生き馬の目を抜く金融の世界を生き抜くための知識とスキルを身につけるのに理想的な環境でした。日本の大学で中国史を勉強し、その時点で技術系のバックグラウンドはなかった私に、当時の重役は半導体アナリストとして働くよう命じました。驚きましたが、「勉強すれば大丈夫」と言うのです。

彼は決して、適当にそう言ったわけではありませんでした。というのも私が就いたポストは、各業界の特性や投資家としての戦略の立て方、具体的な企業分析の方法論を学ぶのに、最も適した場所だったのです。私の勤め先は生命保険会社の子会社で、当時、預かり資産ランキングで米国内トップ10位に入る規模を誇っていました。会社訪問のためのアポイントが断られることはほとんどありませんでした。また、株の売り手である証券会社はあらゆる業界の最新の情報が集まる場所であり、そこに在籍する、業界分析専門のベテランや大学院を出たばかりの若い優秀なアナリストたちから、その得意先として充実したレクチャーを受けた日々の経験は、その後の私のキャリアにとって大切な基盤になりました。

バリュー投資の基本を叩き込まれたのも、その頃でした。私の上司であるベテランの調査部長は、消費者業界を担当するアナリストでした。半導体関連の銘柄はバブル後の在庫調整の時期で、株価は下落局面にあり、投資先の選別に苦労していると私が伝えると、「それなら消費者産業の分析を手伝ってくれないか」と言われ、急遽、食品、飲料業界などの分析も手掛けることになりました。

テクノロジー分野と比べ、当時の消費者産業は、一見すると面白味がないけれど、余剰キャッシュを安定的に生み出すことができる多くの企業銘柄が、割安のまま放置されていました。ここに目をつけたのが、ハイイールド債から得た資金でさまざまな会社に買収を仕掛ける新しいタイプの投資家たちでした。

こうした市場環境の変化を見抜いていたその上司は、「事業から捻出できる余剰キャッシュこそ、本当の企業価値を決める」という大原則を私に叩き込みました。加えて、本業以外の資産があるかどうかに着目することの大切さも理解していきました。たとえば不動産、株式などは、バランスシート上には載っているものの、時価が反映されていない場合があるのです。まだPCが普及する以前、私の書いたレポートを上司が赤えんぴつで直してくれていたのは懐かしい思い出です。

このようなことを学ぶことができたのは、若手だった私に、会社が惜しみなく責任と仕事を与えてくれたからこそです。日本の企業においては新卒で入社してから、重要な業務を任されるまでには10年、20年というスパンの長い時間がかかりますが、イノベーションのサイクルが高速化している今、時代の変化に合わせて果断に決断を下すリーダーを育てるためには、人材育成に関する時間感覚そのものを見直す必要があると思います。

国内の独立系運用業者を増やす

経営者を育てるための組織体系の見直しとともに、日本株式市場の活性化と成長にとって重要な課題は、国内の運用業界の活性化です。

特に、日本の機関投資家を見渡すと、「独立系」と言えるプレイヤーがほとんど存在しません。国内の大規模な機関投資家はたいてい公的年金関連であるか、大手金融機関グループの傘下にあります。それが必ず悪いというわけではありませんが、しがらみや外的圧力に左右されることなく、純粋に受益者の利益を追求してくれるような信頼できる運用業者を見極める上で、独立性の有無は重要なファクターとして無視できません。

独立系の運用業者は一朝一夕で育つわけではありません。金融市場で信頼を獲得するためには、過去の投資で成果を挙げた実績を積み重ねて示すことが重要ですが、新興業者は運用歴が乏しいので、年金基金などからまとまった資金を預かることが難しく、制度的な後押しなしに事業を軌道に乗せることがそもそも極めて困難なのです。

アメリカやフランスでは、運用実績を積み重ねる途上にある新興運用業者を長い目で育てるＥＭＰ（Emerging Managers Program）と呼ばれる仕組みがあります。

たとえばアメリカのカリフォルニア州職員退職年金基金（CalPERS）では、世界株式やプライベート・エクイティ、不動産などアセットクラスごとにゲートキーパーと呼ばれる投資顧問業者にアドバイスを行う専門家と契約し、このゲートキーパーが、あらかじめ定めた要件に従って新興運用業者を選定し、投資を行います。CalPERS全体の運用残高は３２６０億ドルに上りますが、そのうち２％超にあたる82億ドルがＥＭＰへの投資にあてられています（いずれも２０１７年6月時点）。

また、フランスでは１９９３年設立のParis Europlaceが運営するEmergenceがＥＭＰの機能を果たしています。Emergenceは会社型ファンドの形態で、アメリカのCalPERSと同様、ゲートキーパーを通じて投資しています。

このように先進国では運用業界の新陳代謝を促す制度整備が進められていますが、日本では競争原理に任せきりの状態が続き、結果として独立系運用業者の存在感が著しく弱い現状になっているのです。

日本政府も一応はこの点を問題視し、最近になって、資産運用業界の活性化に向けた対応策をいくつか打ち出しています。たとえば岸田政権下では、資産運用立国の掛け声の下、資産運用業者の国内の新規参入を促すため、政府は「新興運用業者促進プログラム」を策定しました。主な内容は次の通りです。

・アセットオーナー・プリンシプルで、新興運用業者の取扱いについて規定
・金融機関に対し、新興運用業者を積極的に活用し、運用歴の短さだけを理由に運用先の選択肢から排除しないよう要請
・金融機関グループ等における取組事例の把握・公表
・新規参入のハードルを下げるための規制緩和（ミドルバックオフィス業務の外部委託、運用権限の全部委託の一部解禁など）
・金融創業支援ネットワークや拠点開設サポートオフィスの拡充

首相の諮問機関である金融審議会傘下の有識者会議が作成した報告書では、このプログラムの狙いを次のように説明しています。

「新たに資産運用ビジネスを始めるに当たっては、投資運用業の登録要件を満たすための体制整備に係る負担が重いことに加えて、新規参入業者としてのトラックレコードがないため、運用資金（シードマネー）を獲得することが難しいとの課題が指摘されている。一方、海外では、アセットオーナー等がEMPとして新興運用業者へ積極的・専門的に投資し、より良い収益を実現しようとしている例もある。このため、金融機関やアセットオーナーが、新興運用業者による運用成果を通じて、受益者の最善の利益を実現できる環境を整備するため、官民が連携した新興運用業者に対する資金供給の円滑化に関するプログラムを策定することが適当である。新興運用業者の範囲や運用対象とするアセットクラス等は、様々な運用商品・手法が多様化し、投資運用業者間で競争が促進されていくことが重要であるため、幅広く考えるべきである。例えば、アセットクラスについては、上場株式についてのエンゲージメント・ファンド（グロース市場上場後のグロースキャピタリストを含む）、債券ファンド等のほか、プライベート・エクイティ（PE）ファンド、ベンチャーキャピタル（VC）ファンド、インフラファンド等の多様な運用対象が考えられる」

「官民連携した、こうした取組みの下、我が国において新たに投資運用業者が多く立ち上がることで、競争促進を通じた資産運用業の高度化が図られ、新興運用業者を目利きするゲートキーパーの育成につながるとともに、スキルや経験が次世代に引き継がれることにもなる。新興運用業者促進プログラムの実施を通じて、資産運用に関連する人材の裾野を将来にわたって広げていくことが重要である」

こうした働きかけが、報告書の中で述べられた期待通り、国内の運用業界が元気になるきっかけになることを、切に願いたいところです……。ただ、政府主導の業界支援は、結局のところ政府や親会社など「お上」の言いなりになる運用業者を増やすだけでは意味がありません。繰り返しになりますが、**受益者の利益を追求するためには、外部の圧力から自由な、独立した立場を維持することが必要不可欠なのです。**

加えて、日系金融機関の投資運用部門を活性化するためには、報酬体系の見直しも重要だと考えます。

国内の運用業界では、現在でも横並び的な傾向が強く、マイナス評価の方が強調される減点主義のせいで、リスクを取って何かに挑戦しようという機運に乏しいといった問題をよく耳にします。これでは、本当に優秀なファンドマネジャーを育てることは難しいでしょう。

また、バイサイドの資産運用の専門家であるファンドマネジャーという職業の位置づけを、専門職として会社の中で確立する必要があります。大企業内の単なるローテーションの一部ではなく、退任するまで継続的にキャリアを積む専門職としなければ、情報力で外国人のマネジャーに勝る日本のマネジャーとしての競争優位性をうまく活かせないのではないかと思います。

国内に資金が集まってきていて、「資産運用大国」になれる条件がそろいつつあるというのに、それを運用できる日本人の運用専門家や企業が不在で、結局は高マージンの運用顧問料を外資系に持っていかれるというのでは、あまりにもったいないことだと思います。

将来的にはアメリカの市場のように、真の「資産運用大国」として、運用の専門家を確保し、プレイヤーの層を厚くして、日本国内の資産運用業界が発展、成功するよう願っています。

扉は開かれた

本書では日本の株式市場の特性とその課題に焦点を絞りつつ、アメリカなど他国と比較し、歴史的経緯の違いに起因する制度や慣習の差異を洗い出してきました。海外投資家にとってより魅力のある市場となるよう、日本もアメリカの市場の方式を積極的に模倣すべきだというような論調もあります。

しかし、もちろんどの国だって完璧ではなく、それぞれ社会の歪みを抱えています。

2024年の大統領選前に公開されたアレックス・ガーランド監督の『シビル・ウォー』という映画があります。内戦が勃発した近未来のアメリカにおける殺伐とした光景を、表舞台から姿をくらました大統領の単独インタビューを狙うジャーナリストたちの目線で描いた力作です。

これからご覧になる方のために話の核心にはできるだけ触れないようにしますが、映画の中でこんなシーンがあります。主人公を含むジャーナリストたちの一行に、武装した若者が銃を向け、アメリカの何州の出身か一人一人に尋ねていきます。一行にはアジア系の男性が混じっていて、彼は最後まで息をひそめていますが、ついに見つかり、同じ質問を突き付けられて……。1時間50分ほどの映画の中でも特に印象的で、緊迫したシーンの一つです。

もちろん描かれているのは実際の出来事ではなく、誇張も多分にありますが、ここにはアメリカ社会の拡大する歪みという真実のエッセンスもあります。アジア出身のマイノリティとして長年にわたってこの国で生活し、現実的な危険を感じたこともある身としては、このような架空の場面にもある種のリアリティを感じずにはいられません。人種間差別だけでなく、経済格差と思想的な分断が深刻化し、スラムで麻薬が蔓延する一方で、一握りの富裕層は核戦争が起きたときに自分たちだけが生き残るための地下壕を建設している――こうした現状を考えると、あの作品が描く不安も夢物語では片づけられないところがあるのです。

第1章で、KKRの創業者に付けられたバーバリアン（野蛮人）というあだ名について取り上げました。この不名誉な呼び名のもとになった本のタイトルである『バーバリアンズ・アット・ザ・ゲート』は、西欧の歴史の中で深い意味を持っている表現です。

バーバリアンという言葉には、自分たちが神聖な帝国に所属していると信じている人々が、その共同体の外側から侵入しようとする異質な人々を指しているニュアンスがあります。ここで言う「神聖なる帝国」とは古代のローマ帝国であり、近代では神聖ローマ帝国を意味しました。私の好きなギリシャの詩人、カヴァフィスも「バーバリアン」という言い回しを用いて素晴らしい作品を生み出しています。最近の欧米各国の政治家の間では「異邦人である異教徒・移民族」をバーバリアンとみなし、彼らに対する恐怖を煽《あお》って「私たちの国の滅亡を防ぐために戦っている」ことを自国民にアピールし支持を得る、という戦略を取る動きが急速に拡大しています。

アメリカに限らず、絶対的な模範となりうる理想の国家が存在しえない以上、日本もどこかの国の社会制度を無批判に真似するべきではありません。私は個人的に、「和」を大切にする日本の組織の在り方にも、苛烈な競争の中で成長力を高めていくアメリカの流儀にも、どちらもそれぞれの良さがあり、おそらくそのちょうど中間のあたりに最適解があるのではないかと思っています。

いずれにせよ、**自分たちにとってどのような経済システムが望ましく、どういった社会を目指すべきであるのか、他国のシステムの本質を知った上で日本で暮らす方々が自身の意志**

で決断し、道を選んでいくことこそが大事だと考えています。

日本の市場は変化の入り口に立っています。世界への扉が開け放たれ、企業のリーダーたちはまだ準備を終えないままに、広大な荒海へと投げ出されようとしています。

外側からこの扉を開けようとしているのは、海外から来たアクティビストを含む投資家たちです。彼らの存在は、長年慣れ親しんできたぬるま湯的なクローニー資本主義から脱却する足掛かりになるかもしれません。しかし、経営者としての役割は、株主の意見に真摯に耳を傾けつつ、彼らの多種多様な提案の中から、自分たちの将来にわたる成長につながるものを戦略的に選び取ることです。投資家にただ利用されるばかりではなく、互いに利用し合うウィンウィンの関係を築くべきであり、適切な連携相手を見極める必要があります。そのためには、**海外投資家、アクティビストを十把《じっぱ》一絡《ひとから》げに捉えるのではなく、市場の複雑なエコシステムと多種多様なプレイヤーの位置づけと特性の違いをしっかり理解しておくことが必要不可欠なのです。**

本書ではアメリカと日本における金融市場を比較してきましたが、持ち合い株の解消による市場機能の高度化という動きは日米に限らず、ヨーロッパ各国においても共通して見られる現象です。たとえばドイツでは1990年代半ばから、キャピタルゲインの非課税措置などを背景に持ち合い株の解消が進み、結果的に国内の事業会社の競争力を高めることになりました。日本でも今後、ますます多くのアクティビストらが存在感を強め、割安な日本企業に対する敵対的買収も増えていくことが予想されます。ROE、WACC、ROICなどの言葉を表面的に知っているというだけでなく、それぞれの指標をなぜ株主が重視しているか、金融の基礎を最低限理解しておくことは、彼らと対等にわたり合うために欠かせない準備作業と言えるでしょう。その上で、長期投資が目的のクオリティの高い機関投資家が株主になれば、経営陣の努力が実り、ウィンウィンの互恵関係を構築することが可能だと考えています。

おわりに　若き経営者・投資家の卵に向けて

私はアメリカの自宅の庭で長年、養蜂に取り組んでいます。ハチたちを眺めていると、その生命力に驚かされるばかりではなく、多くの学ぶところがあります。

ハチは極めて社会的な生き物です。群れの中では、入り口の守衛や、卵の世話など、それぞれの個体が各自の役割を与えられています。こうした役割を与えられるのはメスのハチであり、オスはほとんど何もせず、ときどき巣の外に遊びに出る程度です（オスのハチの暮らしぶりを羨ましく思う人も少なくないようですが、実は彼らは彼らで過酷な運命を背負っています。ここでは詳述を控えることにしますが……）。

女性中心のハチたちの組織が、質の良いミツをどれだけたくさん生産できるかは、群れの中でいわば「CEO」の役割を担う女王バチの手腕にかかっています。

女王バチは、巣の中に一匹きりというイメージがあるかもしれません。それは基本的に間違いではないのですが、実は、女王バチはたいてい、何匹か一緒に生まれてきます。老いた女王バチが死ぬと、働きバチは数個の卵にロイヤルゼリーを栄養として与え、数匹の女王バチ候補の誕生を待ちます。巣の中の働きバチが育てたその卵がかえると、彼女たちは熾烈《しれつ》な殺し合いを展開し、生き残った一匹が、その群れの新たなトップとして君臨することになるのです。

女王バチは、毎日2000個前後の卵を産みながら、自らが発する化学物質（フェロモン）によって他の働きバチたちをコントロールします。最も大切なのは、冬を越すための入念な準備です。秋は貯蓄に専念する時期であり、気温が下がり、女王バチの活動が低下して卵を産まなくなるからです。花のミツはもはや見つからず、他の方法で食料の確保に注力します。巣の中でミツを生産するだけでなく、別の巣の様子を偵察する探偵バチによる情報収集を通じて、弱体化した別の巣からミツを奪うことがあります。働きバチの寿命は6週間程度で、仕事の内容はキャリアアップのように、一生の間で徐々に変わっていきます。羽化直後には巣箱内の掃除、育児、巣作りなどを任されますが、内勤を終えると、1～2週目ごろには外勤に転じ、花粉集めや蜂蜜づくりなどに従事するようになるのです。

私は、40年間にわたり投資顧問業界で資金運用の仕事を続け経済的な自立を手に入れたこともあり、娘たちから「クイーンアヤ」などと呼ばれることもありますが、自分自身では根っからの働きバチだと思っています。何しろ投資の仕事というのは面白くて、実力次第でいくらでも大きな仕事を手掛けられる世界であり、世界中の頭脳明晰な方々の話を直接聞くこともできて、一度始めたらとことん没頭してしまう、やめられない楽しさがあるのです。投資や経営の世界は奥深く、とても一冊の本で書ききれるものではありませんが、その入り口にあたるイントロダクションのような存在にすることを目指して、アメリカと日本の株式市場を見てきた私の経験をもとにした考えや思いを書き連ねてきました。

めまぐるしい変化の只中でも自分自身の意志で道を切り開いてほしいという本書に込めたメッセージが、日本の市場関係者だけでなく、未来の時代をけん引することになる経営者や投資家の卵にも伝わり、この広い世界に興味を持つきっかけになれば幸いです。

構成・川辺和将

ワイズマン廣田綾子《わいずまん・ひろた・あやこ》

東京都生まれ。国際基督教大学卒業。１９８３年、スイスの経営大学院ＩＭＤでＭＢＡを取得。84年に渡米後、証券アナリストに。87年より米国株投資担当のファンドマネジャーとして年金基金や労働組合等の米機関投資家の資金運用に携わる。２０００年よりヘッジファンドに移籍し、日本株のロングショート戦略で資金運用を担当。10年より現在在籍しているホライゾン・キネティックス社でアジア戦略担当のディレクターとして、日本を含むアジア市場での運用担当に。Nippon Active Value Fundの社外取締役。ＳＢＩホールディングス、東芝で社外取締役を歴任。ＣＦＡ資格取得者。現在、米国ニューヨーク州在住。

日経プレミアシリーズ｜529

海外投資家《かいがいとうしか》はなぜ、日本《にほん》に投資《とうし》するのか

二〇二五年五月八日　一刷
二〇二五年六月二日　二刷

著者　ワイズマン廣田綾子
発行者　中川ヒロミ
発行　株式会社日経ＢＰ
日本経済新聞出版
発売　株式会社日経ＢＰマーケティング
〒一〇五―八三〇八
東京都港区虎ノ門四―三―一二
装幀　フロッグキングスタジオ
組版　朝日メディアインターナショナル
印刷・製本　中央精版印刷株式会社

ISBN 978-4-296-12121-2　Printed in Japan

日経プレミアシリーズ　524

「ガラパゴス・日本」の歪んだ円相場

藤井彰夫

なぜ日本は円安になっても、円高になっても大騒ぎするのか。為替レートに一喜一憂するのも、日銀や通貨マフィアに過剰な期待や責任が押し付けられるのも今や日本だけ。1987年のブラックマンデーから現場で取材してきたベテラン記者が、日本経済のいびつな構造を明らかにする。

日経プレミアシリーズ　525

トランプ2・0　世界の先を知る100の問い

吉野直也 編著

トランプ氏の2回目の米大統領就任で、各国は再び身構える。日本は、世界はどうなる？　日経記者が、識者10人に全部で100の問いをぶつけた1冊。外交・安保、エネルギー・気候変動、金融・マーケット、中国・ウクライナなどの専門家が登場。谷内正太郎、折木良一、ケント・E・カルダー、グレン・S・フクシマ氏などが、熱く、近未来を占う。

日経プレミアシリーズ　522

2030年の戦争

小泉悠　山口亮

中国の軍備増強、北朝鮮の核開発、ロシアのウクライナ侵略——。日本をめぐる安全保障環境は風雲急を告げる。現代の戦争とはどのようなものか？　2030年代、日本が戦争に巻き込まれるとしたら、どんな事態か？　実際ミサイルが飛んできたら、どうする？　ともに1982年生まれの気鋭の軍事研究者がディープに語り合う。

日経プレミアシリーズ 518

昭和人間のトリセツ

石原壮一郎

なぜ大昔のことをついこの間のように語るのか？　他人の結婚や出産・育児に的外れなアドバイスをしてくるのはなぜか？　若者をイラつかせる「おじさん構文」「おばさん構文」に始まり、仕事観、ジェンダー意識など多様な切り口から「昭和生まれの人間」の生態に肉薄し、その恥部をも詳らかにする日本で初めての書。

日経プレミアシリーズ 519

株式投資2025
波乱必至のマーケットを緊急点検

前田昌孝

新NISAで投資を始めたばかりの人たちが経験した日経平均4万円超えと過去最大下げ幅というアップダウン。政治も経済も、日本も世界も、一大転換期に。期待と不安が交錯する2025年の投資トピックを取材歴40年のベテラン証券記者が、独自の取材とデータ分析をもとに解説。株価を上げる政権と下げる政権の特徴など、2025年の投資戦略を考える必読書。

日経プレミアシリーズ 521

老いた親はなぜ部屋を片付けないのか

平松類

親が部屋を片付けなくなった、性格が頑固になってきた、暑いのにエアコンをつけない、などの問題行動をとるようになると、認知症になったのではと心配になる。だが、延べ10万人以上の高齢者と接してきた医師である著者は、「真の理由」は別にあると説く。老いた親との付き合い方から、将来への備えまでが分かる一冊。